異文化
コミュニケーション
としての外資系

羽田幸善
Hata Yukiyoshi

幻冬舎 MC

異文化コミュニケーションとしての外資系

目次

まえがき

日本の会社と外資系を比較した一般向けの本はいくつか出版されています。しかしその多くは、面接時の心得、自己PRの方法、上司のよい評価を得るためにすべきこと、好ましい勤務態度など、いわゆる〝ハウツーもの〟や、外資系は成果主義だ、昇進が早い、仕事を任される、大きな権限を委譲されるなど、外資系はこうだといわば決めつけている本がほとんどです。

さらに、異なった言語や文化的背景のもとで生まれ育った人たち、つまり日本以外の国や地域で生まれ育った人たちとのコミュニケーション、すなわち異文化コミュニケーションの観点から書かれているものは見あたりません。日本はそういったことを気にする必要が全くない、程度の差はあるもののほとんどの人が同じような考えを持っている社会だからです。そういう国に私たちは住んでいるのです。

しかし世界を見わたすと、同じ国のなかで言葉も違えば文化的な背景も異なる人たちが一緒に住んでいることが稀ではありません。私たちはそうとは気づいていませんが、日本はどちらかというとホモジニアスな社会、色彩でいえばモノトーンな国なのです。

一方ビジネスの世界ではグローバル化や競争がよりいっそう進行し、日本における外資系企業や海外へ進出する日本の企業もますます増加しています。

最近は新型コロナウイルスが世界中で猖獗《しょうけつ》をきわめたため、一時的に急激に減少したものの、将来は再び多数の外国人観光客が日本に来るでしょう。また日本で働く外国人労働者も、人手不足を背景にその数はさらに増えると思われます。

こういったなかで、日本の会社や外資系を問わず、ビジネスパーソンや一般の人々を問わず、より多くの人たちが異文化コミュニケーションに関心を持つようになれば、ビジネスで役に立つだけでなく、一般の日本人と訪日外国人観光客や外国人労働者などとの相互理解の促進にも役立つのではないでしょうか。

そこで、外資系金融機関で社員やマネジメントとして勤務していた一人として、つぎのような観点から、ビジネスにおける実務的なことについて、違いやその原因、背景や気をつけるべきことなど事例をあげて説明し、多くの人たちに知ってもらうのは意味のあることと思うようになりました。

外資系と日本の企業の組織や文化で違うところや似ているところ、マネジメントの経営にかかわる考え方などの違い、表面的には見えてこない外国人マネジメントの考え方や行動の裏にあること、外国人にはわかりにくい日本人社員の考え方（マインドセット、

Mindset)、日本人として外国人マネジメントと接触する際に注意すべきことやその理由

ほとんどの日本人は、英語ができれば外国人とコミュニケーションができると思っていますが実はそうではないこと、そしてそれはなぜなのか、異文化コミュニケーションの注意点や課題、コミュニケーションの実質的なベースとなっている言語つまり英語と私たちの母国語である日本語など

この本で触れていることは、日本の会社や外資系で現在勤務している人、外資系への転職を考えている人だけでなく、就職を控えている学生にとっても参考になるはずです。

さらに、異文化コミュニケーションにかかわる学部や学科の現役の大学生にとっては、ビジネスにおける実務的なエピソードすなわち異文化コミュニケーションの実例に触れることで、大学の授業で学んだことをさらに深く理解するのに役立つでしょう。

またビジネスパーソンや学生だけでなく、外資系とは直接かかわりのない多くの人たちにとっても、外国人との意思疎通すなわち異文化コミュニケーションについて知ることで、仕事や商売の参考になると共に、さまざまな人たちとの相互理解を深める一つの指針になるでしょう。

この本が読者のみなさんの学業や仕事、活動の一助になれば幸いです。

1

外資系でよく見かける社員

日本の会社で働きにくい人、外資系で評価される人

外資系で働く人たちと日本の会社で働く人たちを見ていると、はっきりとした線を引くことはもちろんできませんが、何となくどこか違いがあります。

日本の会社では自分の能力を発揮できなかったり、自分の能力や成果などを認められなかったりした結果、新たな機会を求めて外資系に転職した人も多いでしょう。自分のやりたい仕事をするための積極的な転職もあるでしょうが、そうではなく結果として転職することになり、応募した会社が中途採用をしている外資系だったという人もいます。

そういったことを念頭に、外資系に来た人や外資系で働いている人を見ていると、この人はどう見ても日本の会社では働きにくそうだ、高く評価されそうもないと思われる人がかなりいます。もちろんこれは外資系の会社か日本の会社かの「二社択一」ではなく、どちらでも評価される人もいればその逆もあり得ます。ではその違いはどこにあるのでしょうか。

一つは仕事に対する積極的な関与や前向きな態度です。例えば、会社のなかでは会議で顔を見ながら議論することもあれば、メールで連絡したり電話で話したりすることがあります。こういった場合に、外資系に転職してきた人のなかには、積極的に自分の意見を言ったり、コメントや質問をしたりする人がかなりいます。こんな発言をしてもいいのか、

こんなことを自分より地位が上の人に聞いてもいいのか、上司の事前の了解もなくこの場で意見を言ってもいいのか、といったことをあまり気にしているようには見えません。

しかし、日本の会社で、上司や同僚など関係者の目をあまり気にせずにそういったことをすると、おそらくその人はチームの一員になることができず、一人だけ浮きあがった存在、差し出たことをする特異な人と見られてしまうでしょう。

会社内のしきたりや形式をあまり気にしない人も外資系にはかなりいます。過去ずっとこのようにやってきたからこの件も同じようにとか、この件はまず関係者に根回しをしてからでないととか、順序を踏んで進めないと後々面倒になるといった、その会社のなかでの暗黙の了解事項や慣行にしたがって仕事をすることに対し、何となく違和感を覚える人たちです。

換言すると、社内の部門間の調整などの社内営業にエネルギーを使うのではなく、仕事はビジネスライクにやりたい人たちです。

このような人たちにとっては、できる限り早くかつ確実に目標を達成するためにこそ意を用いるのであって、社内の暗黙の了解事項や調整などのために心を砕くことは意に沿わないことです。こういう人たちは、一般的な日本の会社での仕事のやり方、つまり日本ムラの掟にしたがわない人たちなので、早晩ムラから出るしかありません。

なお、外資系といっても、大多数の社員がこのような人たちということではありません。

従業員の数が何百人、何千人といった規模の大きい外資系では、このような人たちは少数派です。

ましてや近年になって外資に買収された日本の会社の場合、ほとんどすべての社員の考え方は依然として日本の会社のままです。そのような環境のなかへ、ビジネスライクに仕事をしたい人たちが入ってくると、社員間で軋轢が生じることがあるのは当然でしょう。

しかし、一般的にシニア・マネジメント（経営陣の上層部）は、買収した日本の会社の組織、企業風土や企業文化を外資系的に変えようとするので、規模が大きくなればなるほどゆっくりですが、日本の会社的な考え方をする社員は、少なくとも中間管理職のなかでは徐々に減少していきます。

見方を変えると、日本の会社における暗黙の了解事項とか社内の慣習などは、経験から学んだ、社員間の軋轢を避けものごとをスムースに運ぶための知恵かもしれません。しかしその知恵は、言うべきことは言う、すべきことはする、といったことが基本の外資系では、なかなか通用しないことも多いのです。

一方、社員数が数十人といった規模が小さい外資系で、同業の日本の会社から転職してきた人たちがマネジメントに多くいる場合には、後に述べるように、必ずしも前記のような人たちをよく見かけるということではありません。

外資系では、日本の会社の人たちと発想の原点が異なる人も見かけます。固定観念にと

らわれない発想をする人です。彼らは、誰もが思いつかなかったあっと驚くようなポイントを指摘したり、誰も気がつかなかった観点からものごとを分析して、他の人と異なる結論を導いたりします。こういった人たちは、「外見は日本人だが頭のなかはガイジン」などと社内で呼ばれています。

こうしてみると、多くの日本人は、自分は気がつかないけれども、先入観や固定観念にとらわれているのです。そして同じ固定観念で発想する人のグループに入っている方が、異分子が多数いるグループに属しているより、よい悪いは別にして居心地がよいことは確かでしょう。しかし、外資系ではそういった人たちが評価されるのは難しいのです。

例えば、新商品の販売計画を策定する場合、日本人から見ると、ともすると計画を実行に移した後の結果が見えてしまうことがあります。正確には見えてしまうのではなく、自分の過去の経験から本人がそう思っているだけですが。そして、「そんなことをしても」とか「やってもムダだ」といった見方をしたり、なかにはそれを口に出して主張したりする人も出てきます。

しかし、ここでよく考えなければならないのは、過去に失敗したことや計画どおりにいかなかったことが今度も同じような結果になるかどうか、ビジネスの環境はつねに変化しているので、本当は必ずしも確かではないことです。ところが私たち日本人には、過去の経験からどうしてもそうなると思ってしまう傾向があります。同じ社会（コミュニティ）

で同じような経験をした者同士が集まると、結論はだいたい同じようになるのです。

このような人たちは外資系ではあまり評価されません。そのもっとも大きな理由は、計画を最終的に決定するのはマネジメントであり、そのマネジメントの上層部には外国人が多くいるからです。つまり日本人であればなるほどと思うような状況や推測であっても、ゼロベースで一つずつ詰めていくと、結論が違ってくる場合があるのです。

ですから、日本人的な発想で短絡的な判断をし、それを外国人マネジメントにそのまま伝えると、彼らからは消極的で後ろ向きと見られてしまう危険性があります。

大事なことは、何か重要な判断をする場合には、まず過去の経験をもう一度よく整理し、新たな状況に対してもそれが適用できるか検討し、その計画を達成できる可能性がもし低いと考えたのであれば、その理由や背景を一つずつ筋道を立てて説明できるのか、外国人マネジメントが理解できるのか、もう一度よく考えてみることです。そうすると、意外なことに無理だと思っていた計画がそうではないように見えてくることがあります。

外国人のマネジメントが求めているのは、日本人だけの間ならわかるような理由ではなく、外国人である彼らが理解できる理由や推測です。これを別の言葉で表現すると、建設的な態度や考え方と理由づけ、そしてそのわかりやすい説明です。外資系で評価される人は、そういうことができる社員や日本人マネジメントです。

英語「は」できる人、英語「も」できると思っている人

外資系の外国人マネジメントは、社内社外を問わずいろいろなことを知ろうと努めていますが、彼らにとって大きな落とし穴があります。それは、日本人社員から見て、あの人は英語「は」できるのだが、すなわちあの人は仕事はもう一つだがという社員が、外国人マネジメントから見ると非常に有能な社員に見えてしまうことがあることです。これは特に日本に赴任して間もない外国人マネジメントにありがちなことです。

日本人のマネジメントや社員のなかで、英語でコミュニケーションができる人が少ない場合、外国人マネジメントはどうしてもそういった人に頼ってしまいます。海外に進出した日系の外資系企業でも、似たようなことが起きているかもしれません。よくよく注意しないと、日本語は堪能だけれども仕事はもう一つ、という現地の人の考えや意見をつい信用してしまう危険性があります。

多くの場合、少し時間がたつと外国人マネジメントはその社員の本当の能力を知ります。しかしそれまでの間、外国人マネジメントはその社員の意見や示唆を信じて、誤った経営判断をするかもしれません。トップ・ダウンの経営で経営者が誤った認識のもとに判断をすると、実情を正しく反映しない経営戦略や経営目標を決定し、その達成を目指そうとすることも考えられます。

このようなことは、さすがに今ではそれほど多くないようですが、最近は次のような現

象が生じています。つまり社内における英語教育の強化や、昇格・昇進には一定の英語能力を求める人事制度の導入などにともない、英語を使える社員が急激に増加し、その結果たくさんの英語を使える社員のなかで、英語「は」できるのだがという社員の絶対数が急激に増加しているのです。

英語を使える社員は、英語を使えない社員よりも、結果として外国人マネジメントとコミュニケーションをする機会が増えます。そして、日本人マネジメントや管理職から見ると英語「は」できるのだがという社員が、外国人マネジメントに重宝がられるケースが増加するのです。

当然ですが英語が使えることとイコール有能とは限りません。重要なのは英語「が」できることではなく、英語「も」できることです。

一般の社員としてまた管理職として、必要とされる専門知識とスキルを持ち、率先してチェンジ・エージェントとなり、業務上の目標を確実に達成すること、これが外資系で、そして同じように日本の会社でも求められていることです。

ところで外資系というよりも、どちらかというと日本の会社の中間管理職やその上のクラスでときおり見るのが、英語「も」できると思っている人たちです。日本の会社であっても、近頃は日本人以外の人と日本語以外の言語、例えば英語でコミュニケーションをすることが多くなりました。ビジネスがグローバルになって、海外の会社を買収したり、海

外の会社との取引が増加したりしているからです。

コミュニケーションといっても、メールなど文書つまり書かれた文字であれば、今は多くの社員が読んで意味を理解し、英語で返事を送ることでおたがいに理解することができます。すなわち読み書きはほとんど問題がありません。

ところが、英語を読んで意味を理解し、英語で文章を書ける人のなかに、実際には英語の聞き取りがほとんどできないにもかかわらず、自分は英語を聞くことも話すことも読み書きと同じくらいにできる、と思っているような人たちをときおり見ます。

例えば外国人が何人か出席している会議などで、そういった人が英語で話をするのを見ていると、実際には相手の外国人が言ったことをほとんど理解できていないにもかかわらず、表情を見ているとあたかも理解しているような顔つきで話したり返事をしたりすることがあります。

相手の言ったことに関するポイントをついた明確な返事ではなく、どこか少し的外れのあやふやな言い方ですが、日本へ赴任してから間もない外国人は、それで相手の日本人が理解していると思ってしまいます。

しかし、ある程度長い間日本で仕事をしている外国人は、日本人の曖昧な顔つきや返事の内容などから、その日本人が英語をほとんど聞き取れていないことを察し、二度三度言い方を変えて相手が本当に理解しているか確かめようとすることがあります。

こうして、相手の日本人が正しく理解していることを確認することで、相互の誤解を避け間違いのない仕事ができます。

このようなことが起こる原因の一つは、会話のなかで相手に何回も聞き返すことはよくないことだ、という潜在意識を日本人は持っているからではないでしょうか。その結果、日本人的な曖昧な顔をして、あたかも理解しているかのような素振りで話をします。しかしビジネスではこれはきわめて危険なことです。誤解とまではいかなくても、相手の言うことを正しく理解していないことが原因となり、後で差し支えが生じることもあり得ます。

そんなことを避けるには、相手の外国人が言ったことに少しでも理解できないところ、よくわからないところがあったら、遠慮せずに聞き返すべきでしょう。

そして、できることなら「何と言ったのですか」と聞くのではなく、「あなたの言ったことはこういうことですね」と言うことです。つまり相手に何を言ったのか聞くのではなく、相手が言ったことを確認するよう心がけることです。

そうすることで、ビジネス上での誤解や不確かさを防止できると共に、本人も相手の外国人も安心することができます。

まず自分で考えてみる社員

一般的に本社はいわばその会社の頭脳にあたる部分で、経営方針や経営計画を策定してそれを支店などに周知徹底し、支店などで働く社員は、本社が作成した計画や本社からの指示、命令、通達にしたがって業務を行ないます。このように書くと、そんなことは当然で、日本の会社も外資系でも違いはないはず、と思う人が多いと思います。確かにそうなのですが、社員の考え方や行動にかなり違いがあります。

日本の会社では、社員は本社の指示や命令に忠実にしたがい、指示されたことをとにかく実行することに全力を尽くします。営業を例にとると、本社は年間の営業予算を決め、それを達成するための具体的な方策を支店に指示します。支店長や支店で働く社員は、その方策を実行してその年度の営業予算の達成を目指します。

また、日本の会社では、本社と支店の間の人事異動は定期的に行なわれるので、本社から支店に転勤してきた支店長や社員も、ひたすら指示にしたがって本社の作成した計画を実行します。

実行する過程で、本社が作成した計画よりもさらに効果的な方法が見つかっても、本社の指示がなくてもそれを自分たちで実行してみる、上司を通してそれを本社に伝える、といった行動をすることは一般的ではありません。これはまさに後で述べる「指示待ち社員」の一例です。

このような社員の思考態度は、いい意味では、全社員が一丸となって本社の作成した計画をひたすら遂行できることにあります。しかし、本社の営業計画を地域に合わせて修正して実行する、営業の過程で発見した新たな手法を適宜導入する、といった柔軟性に欠ける問題もあります。

外資系ではどうでしょうか。もちろん外資系であっても、本社の指示命令にしたがわないで支店長や社員個人が勝手に仕事をする、営業であれば自分が思ったように勝手に営業に走る、ということではありません。大きく違うのは社員の思考態度や発想の原点、英語でいうマインドセットです。

外資系の社員の多くは、本社の社員であっても支店の社員であっても、指示や命令、通達などの内容をまず自分で考えてみます。そして、例えば自分がいいと思った方法と非常に違う内容を指示された場合には、上司を通じて本社にそれを伝える、営業であれば本社が指示した方法だけでなく、自分がもっともいいと思った方法も試してみる、といった行動を取ります。よく言えば柔軟性や自主性がありますが、本社から支店の末端まで一枚岩、金太郎飴のようになることは外資系では稀でしょう。

同業他社の何が気になるか

ビジネスパーソンであれば、業種を問わず同業他社つまり競争相手の動向は気になりま

す。この気になり方が外資系と日本の会社では少し違います。

まず外資系ですが、マネジメントや経営戦略を担当する社員は、競争相手が何をしているか、その結果はどうかなどもさることながら、競争相手が何をしていないか、何をしそうにないか、ということにも関心を持ちます。販売する商品や提供するサービスの動向などは特にそうです。

というのは、多くの外資系においては、基本的な戦略の一つがディファレンシエーション（Differentiation、差別化）だからです。日本の会社がやっていること、やろうとしていることをフォローするのではなく、日本の会社とは違ったこと、日本の会社がやっていないこと、やろうとしていないことをするのが外資系の戦略、つまり基本的にはニッチ戦略です。

これは考えてみれば当然のことです。大手の日本の会社がマーケットを押さえているところに後から参入し、先行する日本の会社と同じようなことをすれば、業績を伸ばすことができないのはしごく当然のことです。ですから、社員はサムシング・ニュー、サムシング・ディファレント（Something New, Something Different）、何か新しいこと、何か他と違うことをいつも考えているのです。

けれどもすべてがうまくいくわけではありません。予測したほど売れないこともあります。反対に何年かたつうちに社会の状況が変わり、大きく売り上げを伸ばす商品もありま

す。売り上げが大きくなると、同じマーケットに日本の大手の会社が参入することがあります。こんな場合、物量作戦では外資系は対抗することができません。最終的には、そのマーケットの大半を日本の大手の会社が占めるようになります。こうして、外資系は再び日本の会社と違う何か新しいこと、新しい商品、新しい販売方法を探さなければならないのです。

一方日本の会社の社員は、大手の会社の社員も中小の会社の社員も、同業他社が何をしているか、何をしようとしているかを非常に気にします。

その理由は、ほとんどの会社が似たような商品やサービスを提供しているので、他社の売れ具合がどうなっているか、売上額はどうかなどが非常に気になるのです。自社の増収率が他社に比べて低いときには、社員は、自社の商品の販売価格が高すぎるのか、機能が競争相手のものに劣っているのか、デザインはどうかなどをまず調べます。

すなわち日本の会社の基本的な姿勢は「横並び」です。他社と違うことではなく同じことをする、他社が新しい商品を開発すれば、自社も似たような商品をできる限り早く開発する、というのが社員の基本的な考え方です。「横並び」つまり英語でいうミー・トゥー・イズム（Me-tooism）はこの本の別のところでも触れます。

英語ができないと昇進のチャンスはないか

外資系で働いているけれども英語が苦手な人はどうなるのでしょうか。

外資系でも勤務場所が本社以外だったり、会社内でのポジションが下の方の場合、一般的に英語を直接聞いたり話したりする機会はあまりないでしょう。というのは、外国人マネジメントは本社勤務が普通で、そして中間管理職はたいてい日本人だからです。聞いたり話したりする機会は少ないけれども、本社にいる社員の場合は英語の書類を読む機会はかなりあります。読んで意味を理解して必要な対応をしなければなりません。

日本の会社でいう課長や部長クラスになると、英語で話す機会が増えてきます。なぜなら、外国人マネジメントとコミュニケーションをしなければならない機会が増加するからです。外国人マネジメントから課長に直接電話があったり、メールで問い合わせが来たりすることもあります。また、このクラスになると、話すだけでなく、英語で書類をつくらなければならないケースも出てきます。

一般にオフィサー（Officer）と呼ばれるマネジメント・クラスになるとどうでしょうか。当然ですがこのクラスでは読む、書く、聞く、話すが要求されます。電話会議などにも参加する機会が増えます。

それでは英語ができないと外資系は無理なのでしょうか。答えは基本的にはそうです。特に将来マネジメントを目指そうとするのであれば、読み書きだけでなく、相手の言うこ

とを聞いて理解できること、こちらの言いたいことを一つひとつ順序立てて話せることは必須でしょう。

ただし英語は苦手であっても、別の面で並外れた能力があれば、英語が多少できなくても評価され昇進も期待できます。さらに、なかにはいわゆる「心臓で英語を喋る」人もいます。外資系の外国人マネジメントから見ると、英語は重要な要素ですが、それがすべてではありません。彼らにとって重要なのは、当たり前のことですがその人が会社に貢献できるか否か、会社の業績向上に役立つかどうかです。

外国人マネジメントに受けのいい日本人

外資系で長い間働いていると見えてくることの一つに、外国人マネジメントに何となく受けがいい日本人があります。受けがいい日本人にはいくつかの共通する特徴があります。

その一つは、当然ながら英語でのコミュニケーションができることです。これは英語が話せるだけでなく、相手の言うことを正しく理解し、こちらの言い分や考えを順序立てて相手にわかりやすく英語で説明できる能力、つまり英語によるコミュニケーション能力です。

英語を話せる日本人は最近非常に多くなりましたが、相手の言うことを正しく理解して、こちらの言うべきことを一つひとつ簡潔に、英語でわかりやすく説明できる日本人はまだ

少数派です。

よく見るのは、英語はうまいのですが説明が回りくどいなど、論点が曖昧で何を伝えたいのかわかりにくい説明や、日本人に対して日本語で言うようなことをそのまま英語にして喋るやり方です。このような人たちは、英語がうまくても外国人マネジメントの受けはもう一つです。

二番目は、話題になっていることに対する、本人の熱意や気合の入れ方です。話していることがらに対する熱意や、心底それを信じている様子が相手にわかるような態度で外国人マネジメントに話しかける日本人は、英語がそれほどうまくなくても、単調で事務的な感じで話しかける英語がうまい人たちよりも受けがいいことは確かです。もっともこのような態度の人は、外国人マネジメントだけでなく日本人のマネジメントからも受けがいい人たちです。

三番目は、外国人マネジメントが考えているとおりに仕事を進める人たち、つまり自分がいいと思ったやり方で仕事をするのではなく、内容、範囲、精度、細かさ（グラニュラリティ、Granularity）、完成までの期間などについて、外国人である上司が考えているような仕事をする人たちです。換言すれば上司が求めていることを忖度し、それに沿った仕事をする人たちです。よく誤解されますがこれはイエスマンとは全く違います。

四番目のタイプは、いわば外国人的な日本人です。外国人的な日本人とは、発想や考え

方、着眼点、類推の仕方、重要性の判断基準、説明の順序や方法、結論に至る筋道などが一般の日本人とかなり異なり、どちらかというと外国人に似た人たちです。こういう人たちが外国人マネジメントの受けがいい理由は改めて説明するまでもないでしょう。

なお、外国人マネジメントには受けがいいけれども、日本人マネジメントや社員、販売店や顧客の受けはもう一つ、という日本人を見ることがあります。今後の会社の業績や成長を考えた場合、どちらがいいのか難しいところです。

ウォーク・ザ・トーク

日本の社会では、一般的に口数の多い人よりも口数の少ない人を高く評価する傾向があります。口数の多い人は、言うだけで実行がともなわないことがあるからでしょう。「それじゃあ風呂屋の釜だ、湯だけだ」などと皮肉られることもあります。

それに対して、口数は少なくてもやるべきことは黙々とやる人のことを不言実行などと誉めそやすことがあります。まさに以心伝心や不立文字などの四文字熟語が示すように、あれこれ細かく言わなくても、ちゃんとわかって実行することがいいことだと思われています。

以心伝心や不立文字などはもともと仏教用語で、文字や言葉に表して教えを受けなくても、刻苦勉励の末に先達や師匠の域に達することができた際に使われる言葉ですが、一般

社会では暗黙のうちに了解することを指すようになっています。

これはしかしほとんどすべての人たちが、同じような考え方や見方をしている社会だからこそできることです。細かく説明しなくても、ほんの少しの説明で全容を理解できるような人たちのなかだけで通用することです。つまり日本のような社会だから通用するのです。

右記のような潜在意識を持っている日本人が外資系に就職して、同じような意識のままで外国人マネジメントに対応すると、マネジメントとの間にコミュニケーションのギャップが生じます。日本人相手であれば言わなくてもわかることが、外国人相手では理解してもらえないのです。

外国人から見ると、この人は何を考えているかわからない。ある仕事をやってもらおうとすると、こちらが説明する前に自己流で仕事に取りかかってしまう。だから結果がどうなるか非常に気になる。こちらが求めているものと違ったものができあがってくるのではないか。これでは安心して仕事を任せられない、といったことになります。すなわち信用してくれなくなる可能性が出てきます。

反対に、外国人とのコミュニケーションに気を配っている人であれば、外国人から仕事の指示を受けた場合には、内容・程度・期限・手法などについてその外国人とまず打合せをし、それによりおたがいに齟齬のないようにします。こうすることで、仕事の指示をし

た外国人マネジメントも、仕事を命じられた日本人も安心することができます。
おたがいに口に出してまたはメールなどで仕事の内容などを確認すること、そして確認したことを間違いなく実行すること、これがウォーク・ザ・トーク（Walk the talk）すなわち有言実行です。外資系ではウォーク・ザ・トークはきわめて重要なことです。

バイリンガル社員の増加

かつては日本語を話す外国人はほんのわずかでした。かなり長期にわたって日本に住んでいても、日本語がわからない、日本語を話さない外国人がかなりいました。逆に日本人で英語を話すことのできる人も少数派でした。しかし近年は外国人だけでなく、日本人も語学についての状況が非常に変わったようです。

まず日本人で英語や他の外国語を使える社員が非常に増えてきました。将来に備えて自分で英語を学ぶだけでなく、実際の仕事のうえで英語が使えなければ仕事にならない、だからとにかく英語を覚えたという人も多いようです。それだけ日本の会社のビジネスがグローバルになったのかもしれません。

しかし、日本人のなかで、日本語以外に例えば英語と中国語など三ヶ国語を仕事上で使える人はまだごく少数です。

外国人を見ると、これはまさに驚嘆するような状況です。日本語を上手に話す外国人が

非常に多くなっただけでなく、そのような人たちは当然のようにいくつかの言葉を話します。

ビジネスでは、最近は英語以外のほとんどすべての言語が駆逐され、あらゆる場所で英語が共通言語になりましたが、驚くことに韓国人や中国人で、英語のみならず日本語までも流暢に話す人がかなり多くいます。

もう何十年も前になりますが、筆者が学生時代のころに、将来は英語を話せるのは当然で、英語以外にもう一つ外国語をマスターすべき、と言った先輩がいましたが、まさにその時代になりました。日本人のビジネスパーソンも、英語以外にもう一つ、例えば中国語くらいはマスターすべき時代になったようです。

ここでちょっとした注意を一つ。最近日本へ赴任したばかりで、日本語がわからないと思っていた外国人マネジメントの横で、その外国人にはあまり知られたくない仕事の話を同僚と日本語で話していたところ、後になってその外国人が日本語を流暢に話すのを見てビックリ、という冷や汗経験がある人が結構いるようです。逆に日本人だと思って日本語で話しかけたところ、片言の日本語で「すみません、日本語勉強中です」と言われ、英語で話してみたら中国系アメリカ人だったなどということもあります。

キャリア・アップ、ジョブ・ホッピング

キャリア・アップ、これは一般により高い資格・能力・経歴などを身につけることで、より高い給与や権限などを手に入れることを言います。外資系でよく耳にする言葉です。最近は日本の会社でもキャリア・アップを考える社員が増加しているようですが、社員の転職が多い外資系では余計そうです。社内での昇進・昇格といった、自分が考えていたようなキャリア・アップが見込めない場合、他の会社に転職することも彼らの選択肢の一つです。

このため、外資系ではかなりの社員が具体的な将来計画を持っていると共に、その将来像を実現するために自分は今何をしなければならないかを考えています。彼らは外部のセミナーや勉強会、その他自分のキャリア・アップに役立つと思われる機会をとらえて積極的に参加しています。もちろん自分の懐からそれなりの出費をするのは当然です。

上司との間で行なう人事考課のフィードバックの際に、自分の将来計画を述べ、上司がそれに対してどのような見方をしているかサウンドすることもあります。

外資系で比較的転職が多いのも、右記のようなことが関係しているかもしれません。そのなかでもっとも極端なのがジョブ・ホッピング（Job Hopping）です。こういった人たちは、日本人であると外国人であるとを問わず、自分のキャリア・アップのために数年で転職を繰り返します。しかし、あまり極端な人は外資系であっても好まれないようです。

なお一つ注意すべきことがあります。それは、キャリア・アップのつもりが逆になってしまうケースです。地位を高め、より大きな権限を獲得し、収入を増やすつもりで転職するのですが、実際は今までより会社の規模も小さく、権限もあまりなく、さらに外国人が仕切っている会社に転職してしまい、収入も結局は大して変わらず、自分の経験やスキルを活用できなかった、といったことがあることです。キャリア・アップ計画はすべて計画どおりになるわけではないのです。

最後に、ジョブ・ホッピングは立派な英語ですが、キャリア・アップは立派な日本語です。ちなみに私たちがよく使う何々アップという言葉ですが、英語ではなく日本語のことが多いので注意が必要です。

まとめ

この章の要点はつぎのとおりです。

†目標を達成するためにはどうしたらいいかをまず考えて行動する人、固定観念にあまりとらわれない人、ビジネスライクに仕事をしたい人が外資系には多くいます。外資系で評価されるポイントは、建設的な態度や考え方と論理の飛躍のない理由づけ、わかりやすい説明です。

†英語はコミュニケーションの手段です。大事なのは英語もできること。そして

日本語で話す内容を英訳して話すのではなく、どうしたら外国人が理解できるかを考えて、その内容を英語で話すことです。

†外国人の話す英語がわからなかったら、遠慮せず何回も聞き直すこと、わかっていないのにわかったような態度をすると、後で問題が生じることがあります。

†日本の会社では、社員は本社や上司の指示を忠実に実行しようとします。外資系では、指示の内容をまず自分で考えてみて、よりよいやり方があれば、それを本社や上司に積極的に伝え、採用を促します。

†外資系の基本戦略の一つは差別化です。他社が何をしていないか、しそうにないかを知ろうとします。日本の会社の基本は横並びで、他社が何をしているかが気になります。

†外資系では、地位が上がるにしたがい、英語がより必要になります。しかし英語ができなくても、他の人より抜きん出た能力があれば昇進もできます。

†英語でコミュニケーションができる人、仕事に対する強い熱意のある人、そして外国人と似たような考え方ができる人は一般に外国人に受けのいい人たちです。

†口に出してまたはメールなどで仕事の内容を確認すること、そして確認したことを実行すること、これがウォーク・ザ・トークすなわち有言実行です。外資

系ではウォーク・ザ・トークは非常に重要です。

†最近は英語ができる日本人が増えましたが、日本語を流暢に話す外国人も非常に増えました。外資系では三ヶ国語を話す外国人も稀ではありません。

†外資系の社員には、外部のセミナーや勉強会、その他自分のキャリア・アップに役立つと思われる機会をとらえ、積極的に参加している人がかなりいます。キャリア・アップのために転職する人もいます。

2

外資系にもいろいろある

外資系にもいろいろある

外資系と聞くとみなさんはどんなことを思い浮かべますか。新聞やテレビなどマスコミでかつてしばしば見かけた表現ですが、お金のことばかり気にする貪欲なハゲタカ、ドラスティックな方向転換、思いやりのないビジネスライクな経営判断、従業員の突然の解雇など、悪いイメージをまず連想する人もいるでしょう。

その一方、猛烈に働くビジネスパーソン、いかにも外資系という身のこなし、個人の能力や仕事の成果に連動する高い給与、最先端をゆくオフィスなど、ポジティブな面を思い浮かべる人も多いと思います。

最近はこういった表現を目にすることは昔と比べて減ってきているようですが、良くも悪しくも実際はどうなのでしょうか。そもそも「外資系」ということでひと括りにして同一視できるものでしょうか。

よく見ると、外資系にもいろいろな会社があることがわかります。資本の１００％を外国の会社や外国人が所有している会社もあれば、過半数をこえる程度の会社もあります。アメリカ系の会社やヨーロッパ系の会社、最近増加しているアジア系の会社、メーカーもあれば金融やサービス業もあります。

従業員の数で見ると、数千人規模あるいはそれ以上の大きな外資系の会社もあれば、数

十人から数百人くらいの会社もあります。資本は１００％外資でもマネジメント（経営者・経営陣）を含め社員はほとんどが日本語を母国語とする人たちの会社、反対に上層部はほとんど外国人が占め日本人は中間管理職クラスまでの会社、当初から外資系として日本でビジネスを開始した会社、外資に買収された日本の会社もあります。

さらに本国と日本くらいの限られた国でビジネスをしている外資系の会社もあれば、グローバル企業として、世界数十ヶ国あるいはそれ以上の国や地域でビジネスをしていて、その一つが日本にある会社もあります。

また、日本でビジネスを始めたばかりの会社もあれば、数十年またはそれ以上日本でビジネスをしている会社もあります。さらに細かく分けると、日本法人の会社もあれば日本支店の会社もあります。

こういう状況で私たちが気をつけなければならないのは、外資系はこういう会社だ、外国人マネジメントの考え方はこうだなど、外資系をひと括りにして決めつけることです。

上述のように外資系にもいろいろなタイプがあり、その各々のタイプのなかでさらにいろいろな違いがあります。みなさんが一般に思っているような、いわば典型的な外資系もあれば、資本は１００％外国資本だけれど中身はまるで日本式の会社もあります。こういった会社の社員は、自分たちが外資系で働いているとはおそらく思っていないでしょう。反対に、「外資系」というよりも、「外国の会社」と考えた方が実情をよく表しているよう

な会社もあります。

同じように、ご存知のとおり日本でビジネスをしている日本の会社もみな同じではありません。業種や規模も違えば経営のやり方も千差万別です。株主に対するリターンを重視する会社、株主より従業員をまず考える会社、状況を見て機敏に方向転換する会社、同じことを何十年も続けているように見える会社、成果主義の会社などさまざまです。

また外資系も日本の会社も、ビジネスの内容やビジネス・マネジメントの手法が変化しています。ですから、外資系と比較する場合も、日本の会社はこうだといちがいに決めつけることは適当ではないでしょう。外資系にはこういう会社が多い、日本の会社にはこういう会社が多いといった程度に見ておかないと、誤った認識をしてしまうことになりかねません。

さらに、例えば二十年前の外資系と今の外資系は同じでしょうか。日本の会社も昔と同じで、その間にどちらもほとんど変化はないのでしょうか。そんなことはなく、外資系も日本の会社も、当然のことながらさまざまな面で時代と共に変化しています。ビジネスのグローバル化にともない、変化は今後ますます加速するでしょう。

日本だけではない外資系

また「外資系」ということをよくよく考えてみると、これは私たちが今住んでいる日本

を中心にした見方です。すなわち日本対海外という見方です。

ところで海外へ進出する日本の企業も増加しています。最近は大企業だけでなく中小の企業も数多く進出しています。メーカーだけでなく、日本流のきめ細かいサービスを戦略にしてサービス業も海外へ進出しています。日本の企業の進出だけでなく、日本の資本が現地の企業を買収することも増加しています。

こういった海外へ進出している日本の会社や日本資本となった現地の会社、これを現地の人たちが見るとどうなるのでしょうか。現地の人たちから見ると、それは外資系なのです。つまり私たちが日本で外資系のことについて考えるのは、現地の人たちがその国に進出している日本企業のことを考えるのと同じことです。

私たちは無意識に外資系を日本だけのことのように思っていますが、実はどこの国でも同じです。例えば東南アジアの国に進出した日本の企業や、日本の資本に買収された現地の企業は、その国の人たちにとっては外資系なのです。

私たちは外資系のことをよく話題にしますが、アメリカやヨーロッパ、アフリカや東南アジアなどの国にも外資系という言葉があって、現地の人たちは私たちと同じように、日系の外資系企業についてあれこれ批評をするのでしょうか。いわくお金に貪欲なハゲタカ、思いやりのないビジネスライクな経営判断、猛烈に働くビジネスパーソン、仕事の成果に連動する高い給与などなど。

私たちが日本で外資系のことをよく話題にするのは、ことによると日本式のビジネスのやり方や雇用の仕組みなどが、さまざまな点で他の国、特にアメリカやヨーロッパ式のやり方や仕組みと違っているからではないでしょうか。ほとんど同じだったら話題にするはずがありません。違うから話題になるのです。

実際外資系は日本の会社とはかなり違うところがあります。しかしそれは違いであって、どちらかが優っているとか劣っているとか、いちがいに結論づけられるようなことではありません。

日本のことをもう一度見直す

最近あちこちで多様化、ダイバーシティという言葉を聞きますが、外資系で働くことは、まさにこのダイバーシティのなかに身を置き、いかに相手とコミュニケーションをするかでもあります。これこそまさに異文化コミュニケーションです。

生まれ育った社会も、言語も違う人たちとコミュニケーションをすることは、見方を変えると、自分や自分の生まれ育った社会を外から見直してみることに他なりません。例えば、日ごろ私たちが当たり前と思っていることが、世界的に見ると案外そうではないことに気づきます。

すなわち外資系で働くことは、自分の考え方や日本の社会、慣習、ビジネスのやり方な

どを見直すことにもつながります。また、外国人マネジメントの考え方や行動には、当初は戸惑うこともありますが、多くの点で学ぶべきところがあります。

そして日本における外資系を知ることは、海外に進出している日本発（日系）の外資系企業の経営の参考にもなるはずです。すでに外資系で勤務している人は、外資系と日本の企業との違いについて、この本のなかに書かれていることを自身の経験や知識と照らし合わせ、仕事のうえでより適切な対応をするための参考にすることができるでしょう。

また、これから外資系で働こうと考えている人は、この本のなかに書かれていることを、自分の職業選択における判断材料の一つにすることもできるはずです。大学でコミュニケーションを学んでいる学生には、勉強の合間のちょっとした読み物になります。

さらに、ビジネスに限らず一般の日本人にとっても、日本人の間や日本人社会のなかだけで通用する考え方や見方、慣習や行動に気づくことで、最近非常に増加している外国人旅行者や外国人労働者などとのコミュニケーションや、相互理解の促進のための参考にもなるでしょう。

コミュニケーションと言語

外資系について考えるときに重要なことの一つは、言語すなわちコミュニケーションの手段です。多くの場合英語がコミュニケーションの手段になりますが、英語ができればコ

ミュニケーションができると思っていたらそれは間違いです。

英語は必要であってもそれだけでは十分ではありません。日本語で考えてそれを英語に訳して喋ったら、相手はある程度は理解できるでしょうが、場合によっては誤って理解してしまうかもしれません。

言語はその国や地域の文化や歴史を反映しています。日本語の英訳は英訳であって英語ではない、つまり日本語の単語や文章を英語の単語や文章に置きかえるだけで、中身、すなわち意味やニュアンスが必ずしも全く同じではないことに注意が必要です。

例えば、夏目漱石の『我輩は猫である』も一般的な日本語の「私は猫です」や「俺は猫だ」なども、英訳するとすべてI am a cat. で、小説の題名としての固有名詞ならばI am a Cat. でcatが大文字になるくらいです。

このように、これらの日本語の微妙なニュアンスの違いは英語ではまず表現不可能です。同じように、おそらく英語の表現にも微妙なニュアンスの違いがあり、それらの違いを日本語で表すことができない場合もあることでしょう。

もう一つ、多くの日本人は知っていても外国人は知らないことがかなりありますが、それを考えずに英訳して相手に伝えても、聞いた方は理解できないことがあります。

筆者が学生時代にした失敗をお話ししましょう。筆者は学生時代に外国人観光客を無料で案内するGood Samaritan Club（グッド　サマリタン　クラブ）というサークルに入っ

ていました。ある日金閣寺を案内したときに、「夕佳亭」という茶室の前で、あの床の間の左側に見えるのは有名な〝南天〟の床柱で、あそこまで大きくなるのはきわめてめずらしいことですと言うために、南天を和英辞典で調べてNandinと言ったのです。相手はもちろん何のことを言っているのかわからずに怪訝な顔をしていました。

後で考えたのですが、これは当然のことです。日本では南天はお正月の飾りで多くの人が知っていますが、植物学者でもない一般のアメリカ人にとっては、南天（Nandin）はいくら説明されてもわからないし、興味もなかったのです。

最後に、ビジネスにおいては誤解されるより理解できない方がいい場合もあります。よくわからないと言われてもう一度詳しく説明し直し、そして正しく理解してもらう方が、誤解にもとづいて経営戦略や実行計画がトップ・ダウンで決められ、後になって相手が誤って理解していることがわかった、などというよりよほど好ましいことは確かです。

後で取り上げるビジネス上の危惧や懸念はその一例ですが、日本人同士でさえ難しい、言葉では説明しにくいいわゆる肌感覚を外国人に伝える場合には、相手の理解した内容を確認するくらいの慎重さが必要です。

まとめ

この章の要点はつぎのとおりです。

†外資系にもいろいろな会社があります。一般的なイメージどおりの外資系もあれば、日本の会社と同じような企業文化の会社もあります。外資系はこうだと一概に決めつけるのはよくありません。

†海外へ進出した日本の企業も現地では外資系です。私たちが外資系のことをよく話題にするのは、日本の会社のビジネスのやり方が外資系と異なることが多いからです。逆も同じです。

†外資系で働くことは、生まれも育ちも違う国の人とコミュニケーションをすることです。これは、日本の社会やビジネスのやり方など、日ごろ当たり前と思っていたことを見直すいい機会になります。

†言葉の裏にはその国の歴史や文化があります。日本語で話すことを英訳して話せば相手は理解してくれると思っていると、相手が理解できないことや、誤解が生じて後で問題になることがあります。

3

私は会社で何をしたらいいか

指示待ち社員と終身雇用

かなり昔、１９８０年代の初めのことになりますが、日本では「指示待ち族」という言葉が流行したことがありました。これは、新入社員が会社で何をしたらいいかわからず上司が指示するのを待っている、しかも上司はこと細かに具体的に指示しないと、社員はどのように仕事をしたらいいかわからない、というようなことを表した言葉です。こうした「待ち」の姿勢の社員のことを、マスコミは「指示待ち族」と名づけました。

おそらく若干の誇張はあるものの、当時の日本の会社では、新入社員のみならず若手社員を含め、多くの社員が上司の指示を待って仕事をするのが一般的だったのだろうと思います。このような状況は今ではかなり変わったのでしょうか。ことによると今でもあまり変わっていないのかもしれません。

外資系の会社では、社員が自分の職務をよく知らない、会社で自分は何をしなければならないかわからない、などということはあまり聞いたことがありません。新卒で入社した社員には似たような現象があるかもしれませんが、かなりの割合を占める中途入社の社員は、自分の職務つまりしなければならない仕事やその内容を認識しています。そして入社早々から仕事に取りかかります。このような違いはどこからきたのでしょうか。

もっとも大きな理由の一つは雇用にかかわるプラクティスの違いでしょう。最近の日本

では終身雇用が変わりつつあると言われています。派遣社員が増加し、非正規社員などの問題も生じています。

しかし、終身雇用が崩れつつあるといっても、今の日本の「正社員」と呼ばれる人々のなかで、ひょっとすると来週になったら自分は職を失うかもしれない、などと考えたことのある人はほとんどいないでしょう。逆説的な言い方ですが、そんな恐ろしいことを考えたことがないから、また考える必要がないから、安心して指示を待つことができるのです。いろいろな見方や意見はあるものの、働く人たちの権利や保護にかかわる法律面から見ても、安心して指示を待つことができる状況です。

このように、大多数の社員にとっては、会社の倒産などよほどのことがない限り、実質的にはきわめて長期間の雇用すなわち終身雇用が保証されており、自分から積極的に行動して会社に対する貢献をアピールしなくても、安心して指示を待っていることができるのです。

反対に、今の日本で会社に対する貢献を自分から積極的に上司に訴えたら、多分その人は少々胡散臭く見られるでしょう。

多くの外資系の企業では状況はかなり違います。上司の指示を待っているような受身の社員は、全くいないわけではありませんが相対的には少数派です。

例えば人事考課などで高い評価を得るためには、社員は自分の業績や会社に対する貢献

度合いを、具体的かつ積極的に上司にアピールすることも重要です。ずっと受身で「指示待ち社員」のままでいると、上司から見たその社員の人事考課は低くなり、それが何年も継続すると、そのうちに「あなたにはもっとふさわしい職業や会社があるのではないか」などと言われてしまう可能性が大きくなります。上司の指示待ちなどをしていたら、会社における自分の存在感が薄くなります。

外資系で働く人にとって重要なことは、自分の仕事やその結果が会社に対してどのような貢献をしているのか、つねに頭のなかに置きながら仕事をすることです。これを別の言葉で言うと、自分の気がすむようなやり方で仕事をするのではなく、上司の求めているやり方で仕事をすることです。

ちなみにそういった外資系の企業の海外に所在する本社では、会社からだけでなく、社員からも「来週からもう来ません」と伝えることがあるようです。極端な場合には金曜日の夕方に上司に向かってそう伝えることもあります。

外資系企業の外国人マネジメントの考え方は、こういった雇用のプラクティスがベースになっています。ですから、日本的な雇用にかかわるプラクティスを前提にした、例えば指示待ち的な態度でいると、外国人マネジメントの誤解を招くだけでなく、自分に対して好ましくない状況をみずから演出することにつながってしまう危険性があります。本人が中間管理職の場合は特にそうです。

ところでTGIF（Thank God it's Friday）という言葉を知っている人も多いでしょう。日本語では「ハナ金」。一般的には「やっと金曜日になった、明日からは休みだ」という意味です。しかし英語ではもう一つの意味があると言われています。それは、「やれやれ金曜日になった、これで解雇されずに来週も働くことができる」という意味です。いかにもありそうな話ではないでしょうか。

転職は当たり前

欧米と日本では、雇用にかかわるプラクティスだけでなく、雇用環境の違いがあります。日本とは異なり、欧米では雇用の流動性が高く、新たな職を見つける仕組みやサービスができあがっている社会だからこそ、会社も社員も職を変えることに比較的鷹揚になれるのです。

外資系企業の外国人マネジメントはこういった環境で育った人たちです。ですから、自分の意に沿わぬ仕事であれば転職することに躊躇しません。逆に意に沿わぬ仕事をなぜし続けるのか、彼らは理解に苦しむでしょう。意に沿わぬ仕事だけでなく、給与が自分の仕事や会社に対する貢献に見合っていないと考える場合も転職の契機になります。

転職に際しては、他の会社でどのような職務に関する人材を募集しているのか、ジョブ・ディスクリプション（Job Description、職務記述書）を見て、内容を詳しく知ったうえで

面接などに臨むことになります。つまり面接や入社の時点で自分の職務が明確になっています。

ところで、筆者が外資系企業に入ったのは40年以上前ですが、そのころのアメリカのビジネスマンの一般的な考え方は、転職は当たり前、一つの会社に何十年も勤めることは考えたこともない、というものでした。出張でニューヨークに行き、向こうのビジネスマンの何人かがそう言うのを聞いたとき、なぜそのように考えるのか全く理解できなかったことを今でもはっきりと覚えています。

最近は日本でも転職にかかわる支援やサービスが整ってきましたが、まだまだ終身雇用の意識が日本の会社の経営者にも、社員にもまた社会的にも残っています。「新卒で入社し定年まで大過なく勤めあげる」という表現がみごとに示すように、国民の大多数は一社に長く勤めることがいいことだと思っています。まさに就「職」ではなく就「社」です。

反対に数年で、短い人であれば三年くらいで次々と職を変えることを「渡り歩く」と呼び、どちらかと言うと好ましくない、いく分蔑んだ表現です。しかし外資系では、マネジメントや中間管理職クラスの人たちのなかにも、渡り歩いているような人をときおり見ます。日本の会社ではあり得ないことです。

社員を純粋培養する日本の会社

日本の会社では、ほとんどの社員は新卒で一斉に入社し、オリエンテーションや初期教育の後、会社の人事計画にしたがって配属先が決まり、本人に通知されます。別の見方をすると、これは他の会社から転職してくる中途入社の社員はほとんどいないということです。

一方外資系では、新卒採用もありますが中途入社が一般的で、一度辞めた会社に再び戻ったなどということもそう稀ではありません。

たくさんの日本の企業が海外へ進出している現在、このような生え抜きの従業員を中心とする経営、つまり「純粋培養」方式の問題点もあります。例えば北米やヨーロッパを見ると、転職は当たり前で、いわゆるブルーカラーは別として、同じ会社に何十年も勤めるなどということは一般的ではありません。また新卒の一括採用といったプラクティスもありません。

そういった国や地域に今やたくさんの日本の企業が進出し、現地の企業を買収したり子会社を設立したりしています。このような状況のもと、もはやグローバル企業となった日本の企業にとって、現地では現地方式つまり中途入社方式で日本では純粋培養方式、という二つの対処が実行可能で会社の経営にとっても好ましいのでしょうか。それともどちらかに統一する方向なのでしょうか。

現地では新卒一括採用が一般的でないとすると、優秀な新卒を採用することは難しいかもしれません。日本の本社において、新卒一括採用をやめて中途採用を一般的にするなどということは、日本の雇用環境だけでなく会社の風土や社員の士気、その他人事制度全般にも関係するため、おそらく簡単にできることではないでしょう。

なお最近「ジョブ型雇用制度」という言葉を見聞きするようになりました。経団連も加盟企業に対して導入を呼びかけています。ジョブ型つまり職務単位で雇用する仕組みはまさに就「職」そのものです。これは外資系でよく見る人事制度、広い意味でのビジネス・マネジメントの一つとして、その長所も短所も含めこの本のあちこちで触れています。

後で述べるダイバーシティともからみますが、日本の会社の純粋培養の仕組みのなかで育った人たちは、ダイバーシティの対極とも言える環境、もっとも多様性の少ない環境で育った社員です。会社で必要とする非常に優秀な人材を純粋培養で育成できるか、という問題も無視することはできません。

競争が激化しているなかで、優秀な人材の獲得は会社の将来を左右します。他の業界や競争相手で経験を積み、専門知識を磨き、スキルを身につけた人材が入ってくる会社と、自分の会社でしか経験のない人材だけがいる会社とが競争するわけです。人材は会社の競争力に影響を与える数多くの項目の一つであり、これのみで会社の将来が決まるわけではありませんが、人材は会社の将来にとって非常に重要な要素であることは確かです。

また、この本の後の方でも触れますが、「純粋培養」だけでなく、さまざまな面で日本の企業は外国の企業と異なっています。必ずしも違うこととイコール悪いことで改めるべきという意味ではありませんが、競争上で不利になるようでしたら問題です。それでも日本国内でビジネスをしている間はまだいいのですが、日系の「外資系」として海外でビジネスをする場合、不利になることがかなりありそうです。

広い意味での日本式のビジネス・マネジメントは、多くの会社が海外に進出するにともない、大きく変更を迫られているのではないでしょうか。

会社のビジネスに疎い専門家社員の増加

「純粋培養」する日本の会社では、新卒に対してだけでなく、入社後何年かたった社員に対しても、定期的に一定の教育訓練を会社として行なっています。新卒社員を対象とした基本的な教育項目の一つは、当然のことながら入社した会社の本業、その会社のビジネス自体にかかわる教育です。新卒社員は、そういった初期教育を受けることで、入社した会社のビジネスについて知ることができると共に、企業人としての基本も身につけることができます。

しかし必要な社員をその都度外部から採用することが多い外資系では、日本の会社で行なっているような新入社員の初期教育や、本業にかかわる基本的な教育を体系的に行なっ

ているのは少数派でしょう。
というのは、必要としている人材は新卒のようないわば白地の人材ではなく、ジョブ・ディスクリプションに記載されているような、必要としている分野にかかわる専門知識や経験・スキルを持った、即戦力になる人材、つまりスペシャリストだからです。

さてこういった採用が何年も繰り返されるとどういうことが生じるか。結果として生じるのは、本業すなわち自分が働いている会社のビジネス全般に関する基本的な知識は少ないけれども、担当する限られた分野については専門知識や経験のある人たちが集まった、一種の専門家集団の組織ができあがることです。これは、新卒に対する初期教育から始めて、必要な専門知識を順次習得させる、日本的な社員教育をしている企業では絶対にあり得ないことです。

一方このような専門家集団の組織には特有の問題があります。それは、自分が担当する分野については間違いなく第一級の仕事ができるけれども、会社全体を見渡して、組織全体として適切で効率的かつ効果的な仕事ができるかというと必ずしもそうではないことです。部分最適必ずしも全体最適ではないのです。

野球を例に取るならば、ピッチャーやキャッチャーなど9人の選手は、それぞれ自分のポジションについてはよく知っていて技術もすばらしいけれども、チームプレーとしての野球やゲームの運び方については、プロ野球選手であれば当然持っているはずの基本的な

知識を誰も持ち合わせていないようなものです。

これを別の面から見ると、新卒で入社してその後の人事異動でいくつかの異なる分野を経験したような社員、いわゆるジェネラリストの減少です。そういった社員が少なくなり自分の専門分野のみに注意を払う社員が増えると、もう一つ別の問題が出てきます。

というのは、一般にほとんどの仕事は一つの部門で完結することはなく、全体的な仕事の流れのなかで、上流や下流の複数の部門が関係しています。そういった状況で、例えばある部門で仕事の内容に変更を加えて、効率をあげたり正確性を求めたりするためには、多くの場合関係する他部門の協力が必要です。

組織全体としての非効率な仕事のやり方、コンプライアンス上で改善すべき仕事のやり方などに気づいて改善に取り組めるのも、関係する他の部門の仕事の概要を知っているジェネラリストです。

そういう社員が減ってくると、一部門での効率化が多くの他の部門での非効率化を引き起こすなど、会社全体としてのビジネスや仕事の改善に支障が出てきます。専門家はどうしても目が内向きになりがちなのです。

ビジネスを行なうに際して監督官庁の許認可が必要な金融機関などの場合、このような個別分野の専門家が集まった組織からなる企業、すなわち自分が担当する分野については十分な経験・知識を持っているが、自分の担当以外についてはあまりよく知らない社員が

多い企業は、会社のなかでの仕事の流れやビジネス全体に対する目配りが行き届かず、ときとしてコンプライアンスなどさまざまな問題が生じる可能性が相対的に大きくなります。「純粋培養と中途採用」、「ジェネラリスト集団とスペシャリスト集団」の違いです。

専門家が非常に多くなった外資系には、もう一つ日本の会社とは違った側面が現れてくることがあります。それは、社員の意識レベルにおいて、企業としての一体感が少なくなることです。新卒で入社してから、さまざまな分野を人事ローテーションで経験する日本式の社員育成方式と異なり、販売、ＩＴ、事務処理、経理、人事などの分野ごとの専門家が集まった企業では、どうしても会社としての一体感が希薄になりがちです。

中途入社の社員が多いこともそれに輪をかけます。みなでどうにかしよう、社員一丸となって挑戦しよう、といった雰囲気が社内で醸成されにくくなるのです。おたがいに自分の担当分野のなかで最善を尽くす、というのが大方の外資系のやりかたです。

もう一つ、日本の会社ではあまり見ないことが起こります。それは、特に本社で顕著ですが、おたがいに相手を知らない社員が増加することです。新卒で一斉に入社し、人事ローテーションでさまざまな職場を経験し、同じ社員研修を受けた仲間同士ではあり得ないことです。

決めたことは意地でもやりとおす

前述のように、日本の会社では社員の一体感が非常に強く、そういったなかで聞くことの一つが、「決めたことは意地でもやりとおす」という社員のマインドセットです。つまり、会社の経営計画はトップ・マネジメントが一方的に決め、それを下におろしてきたのではなく、ボトム・アップの仕組みを通してみんなで決めたことだ、みんなで決めたことは最後までやりとおすべきだ、という潜在意識を社員が持っているのです。「純粋培養」の産物です。

その結果、ときにつぎのようなことを見聞きすることがあります。すなわちその計画は何年も前に侃々《かんかん》諤々《がくがく》議論して会社として決定した。計画を達成するべく社員は今まで鋭意努力してきたが、現在は状況が決定当時とかなり変わってしまった。このため、計画を修正しないと多くの無駄が生じる可能性が大きくなっている。ところがこのような状態になっても、社員は当初の計画を意地でもやり遂げよう、やりぬこうとしている、といったことです。

会社として決定したことは軽々に放棄すべきではなく、徹底的に最後まで努力するべきだ、意地でも完遂しようという社員のマインドセットは、ある意味きわめて重要なことです。そうして努力を重ねるうちにブレイクスルーが見つかり、できそうもないと思っていたことが達成できることもあるでしょう。

一方、いろいろ努力してみたけれども、最終的にその計画を放棄したり、大幅に修正した方がいいこともあるはずです。

外資系ではどうでしょうか。まず言えることは、外資系ではこのような「会社として決めたことは、何がなんでもやりぬく」というマインドセットを持つ社員はほとんどいないことです。会社全体が一丸となって何ごとかに対処する、ということも日本の会社ほどではありません。

多くの社員の潜在意識は、経営計画は日本の会社のようにボトム・アップの仕組みで、たくさんの社員がかかわって決めるものではなく、シニア・マネジメントが最終的に決定し、実行を部長以下に求めるものという意識です。したがって、社員としては、経営計画はビジネスとして当然実行して達成を目指すけれども、意地でもやりぬくといった意識はほとんどありません。

もう一つ外資系でときおり見ることがあります。いわゆるプロジェクトものでままあるケースです。

日本の会社であれば、プロジェクトものであっても、ボトム・アップの仕組みのなかで社員が議論を重ね、最終的には取締役会などで実行を決定します。株主の代表たる取締役と業務を執行する執行役員を同一人が兼ねていることが多い日本のやり方、また執行役員から取締役に昇格することが多い日本のやり方です。

一方トップ・ダウンの外資系、特に本社のある外国では、取締役会から業務の執行を任されているオフィサー（日本で言えば執行役員）が、関係するオフィサーなどと協議して、そのプロジェクトの実施を決定します。そしてプロジェクトの達成に向け会社は動き出します。大概はこれで問題はないのですが、外資系の特徴として、そのプロジェクトの中心になっていた本社のオフィサーが、何年か後にプロジェクトの完成前に会社を辞めてしまうことがあります。

こんな場合でも、日本の会社であれば、みなでどうにかしてプロジェクトをやりぬくことになりますが、外資系では、中心人物がいなくなると、いわば推進機のなくなった船のように、プロジェクトが漂流を始めることがあります。

そして最終的にプロジェクトが大幅に変更されたり、実質的に中止になったりすることがあります。こうして、本社におけるオフィサーの辞任が、海外にある子会社のオペレーションに影響することがあるのが外資系です。

本社と営業現場の乖離

後で述べるダイバーシティにも関係しますが、日本以外の国や地域で生まれ育ったマネジメントや社員、日本人であっても限られた分野の専門家的な社員など、多様な人たちが増加している外資系では、社員を「純粋培養」し、定期的な人事ローテーションでさまざ

まな職場を経験させる、伝統的な日本の会社ではまずあり得ないことが起こります。それは本社と現場の乖離の拡大です。

外資系だけでなく一般的に多くの企業では、顧客や販売店に直接接するところ、つまり商品の販売にかかわる部門と本社は場所的にも機能的にも別で、本社の社員が日常的に顧客や販売店などと直接会ったり、話をしたりすることはまずありません。

さて外資系の日本における本社では、外国人マネジメントだけでなく、生まれ育った国も言語（母国語）も異なるさまざまな社員が、英語でいうステート・オブ・ジ・アート(state-of-the-art)な、つまりもっとも進んだ商品の開発や販売促進の仕組みを日々考えています。彼らは統計やデータ、海外における販売経験や実績を活用して検討しますが、日本での営業現場の経験がない人たちが多いので、どうしても机の上の議論になってしまいがちです。

一方、日本の会社も外資系も同じですが、営業の現場における販売店や販売代理店、消費者や顧客と営業社員の関係は、販売する商品の内容や品質、デザインや価格ももちろん影響しますが、例えて言えば一般的にきわめて「泥臭い」関係です。

つまり理屈や価格で販売・購入が決まることももちろん多いのですが、営業社員と販売店や販売代理店、顧客などとの人間関係や日ごろの付き合いがその会社の商品を販売するか否か、購入するか否かの判断に大きく影響するような関係です。こういった人間関係の

なかで、営業社員は販売促進のために日々汗を流しています。このように、日々の営業活動は理屈どおりにはいかない状況、すなわちきわめて泥臭い人間関係が今でも続いています。

日本の会社であれば、営業現場にいた社員が人事異動で本社へ移り、反対に本社の社員が営業現場に移ることもあります。その結果本社の社員であっても、実際の現場経験や肌感覚をもとにして、販売計画や販売方法を検討することができます。

しかし外資系では、日本で生まれ育った人たちであればほとんどの人が見たり、聞いたり、経験したりして知っている販売店や一般の人たちの考え方や行動、その背景などをほとんど全く知らない、日本語は話せても少々大袈裟な表現をすれば異邦人とでも言うべき社員が、日本における本社で増加しています。ダイバーシティの追求や分野ごとの専門家の増加も原因の一つです。

こうして、現場の泥臭いビジネス・プラクティスと、本社の社員の考え方や行動に大きな乖離が生じてしまうのです。現場を知らない外国人マネジメントとの間も同じです。その結果、現実を反映していない販売戦略や販売計画が実行に移され、ムダな努力をすることになる可能性が出てきます。

これは一見好ましくないことのように見えますが、しかしよく考えると乖離は必ずしも悪いことばかりではありません。本社と現場の乖離により、逆説的ですが時代を先取りし

た商品や販売手法を導入できる可能性が高まります。

人の資質や能力を見きわめる

「純粋培養」をする日本の会社では、入社してから人事異動でいろいろな職務を経験し、昇進していく過程のなかで、本人に知らされるか否かは別として、その都度社員の評価が行なわれています。そして年功序列なので給与には大きくリンクしないものの、一種の選抜つまりスクリーニングが行なわれ、部門長としてふさわしいと判断された人がその職にアポイントされます。

この結果、長期間にわたって人事部門などが本人の資質、能力や業績をウォッチしているので、なかには見込んでいた能力を発揮できないケースや、逆に予想外の活躍で会社に大きく貢献するケースも出てきますが、見込みどおりの結果になることが多いでしょう。長期間にわたって本人の知識、経験、スキルなどの評価ができる日本の会社の仕組み、年功序列スキームの長所です。

外資系はどうでしょうか。新卒で入社した社員は日本の会社と同じように長期にわたって本人の能力をウォッチできますが、中途採用が多い中間管理職やマネジメントの場合は、日本の会社と同じようにすることはできず、必要とする人材の詳細を記したジョブ・ディスクリプションを見て応募してくる人たちのなかから選ぶしかありません。

なおジョブ・ポスティング（Job Posting）といって社内公募する場合もあります。採用するか否かを判断する材料は、一般にCV（シーヴィー、Curriculum Vitae）と呼ばれる書面すなわち履歴書に記載されていることと面接の結果です。

これでおわかりのとおり、あれこれ言うまでもなく、日本の会社に比べて外資系の方が人を選ぶ際のリスクが大きいことは明白です。CVに書いてあることは、たとえそれがすべて事実であっても、つまるところは一連の文字の集まりすなわち記述であり、それ以上のものではありません。

それなら何人かとの面接で本人の人となり、リーダーシップ、能力や資質などを総合的に確認できると思っているとそれも怪しいものです。というのは、面接をする会社側の人たちのほとんどは、人の見分け方やチェックポイント、注意すべき事項、陥りやすい錯覚や先入観の排除など、面接で人を選ぶ際のテクニカルで重要なことについて専門的な訓練を受けたことがありません。

そしてその結果、入社した中間管理職やマネジメントが想定外のすばらしい働きをすることもあるでしょうが、予定していた成果を上げられなかったり、入社に際しての本人の理解と実情との間にミスマッチがあったりして、比較的短い期間で退社するようなことが起きます。人を選ぶ専門家でない人たちが人を選ぶと、それなりのリスクがあることを覚悟しなければならないのです。

中途採用と仕事のポイント

中途採用で入社した人は、先に述べたように、一般社員であれマネジメントであれ、自分の職務を認識しています。ところが一つ問題があります。

というのは、入社した本人は自分の職務を理解していますが、ビジネスの流れのなかで、関係する部長や課長その他の社員一人ひとりについて、彼らの職務やそれを詳細に記述したジョブ・ディスクリプションを知っているわけではありません。マネジメントも同じことで、他のマネジメント個々人のジョブ・ディスクリプションを見ているわけではありません。

するとどういったことが生じるか。中途で入社した人たちには、個々の案件について、関係する人たちは誰か、誰にコンタクトをしたらいいか、どこをつつけば早く解決できるかなど、すぐにはわかりません。これはある程度の時間がすぎれば解決することですが、それまでの間は決定に時間がかかったり、無駄な労力を要したりします。

これは新卒一括採用がほとんどで、したがって誰が何をしているかほとんどの社員は知っていて、かつ個人としてではなく組織として仕事をする伝統的な日本の会社では想像もつかないことでしょう。

まとめ

この章の要点はつぎのとおりです。

†外資系では一般に中途入社が多く、入社時に自分の職務やすべきことを知っています。上司の指示を待って仕事をする社員は少数です。日本の会社では終身雇用がまだ一般的で、社員は待ちの姿勢です。

†外資系で特に上司が外国人の場合は、上司が求めているやり方で仕事をすること、会社に対する貢献を上司にアピールすることも重要です。

†日本では定年まで勤めるのが普通ですが、欧米では転職も稀ではありません。外国人の上司はそういう環境で仕事をしてきたということを覚えておくべきでしょう。

†日本の会社は生え抜き（純粋培養）の社員がほとんどです。中途入社が多い外資系には多様な社員がいます。

†グローバル企業になった日本の会社は、競争に勝つために、社員の採用をどうすべきでしょうか。日本式のビジネス・マネジメントは変更を迫られていると思われます。

†日本の会社では、社員に対する体系的教育ができます。人事異動でさまざまな部署を経験し、ビジネス全般の知識も増えると共に一体感も生じます。その都

度専門家や経験者を採用する外資系では、ビジネス全体を見渡せる人が減り、社員の一体感が少なく、さまざまな問題が生じることがあります。

†会社で決めたことは意地でも最後までやりぬくのが日本の会社の社員、いいこともありますが問題もあります。トップ・ダウンで決める外資系では、そういった社員は少数です。

†外資系では、営業現場を知らない本社の人たちが販売計画をつくることがあり、結果としてうまくいかないことがあります。問題もありますが、時代を先取りした商品や販売手法を導入できる場合があります。

†日本の会社では、人事異動などを通じて、社員の能力を見きわめることができます。中途入社の多い外資系では、入社時の面接と履歴書で判断することになり、人を選ぶリスクはより大きくなります。

†中途入社した社員は、他の人たちとの仕事上の関係がわかるまでに一定の時間がかかります。このため、当初無駄な労力を要することがあります。

4

ダイバーシティとコミュニケーション

ダイバーシティとは

最近ダイバーシティという言葉をよく聞くようになりました。日本語では、そのままカタカナにしてダイバーシティと言ったり、「多様性」と訳したりしています。さまざまな分野でこの言葉が使われていますが、例えば生物の多様性（Biodiversity）などもダイバーシティです。

多様性を尊重しようという世のなかの動きにつれて、多様性の受容（Diversity and Inclusion）という言葉も見聞きします。

企業や組織におけるダイバーシティの意味は、年齢・性別・人種・肌の色・宗教・価値観・国籍・ライフスタイルや心身の障害などで差別するのをやめよう、そしてそうすることで組織としてのパフォーマンスを向上させ、企業の価値を増大させることができるというものです。

さてなぜここでダイバーシティを取り上げるかというと、私たち日本人にとってはごく当然で明白なことなのに、相手にとってはそうではないことが結構あることに気づかず話をする、プレゼンテーションをする、メールのやりとりをすることがあり、そしてそれが思わぬ結果を招いて困惑する、企業では時間が非常に大切にもかかわらず解決までに余計な時間がかかる、といった結果につながることがあるからです。

反対に、ある国においてはごく当然で明白なことなのに、私たち日本人にとっては予想もできないこともあります。

筆者の経験をお話しすると、１９７０年代のなかごろ、仕事でニューヨークに二ヶ月ほど滞在したことがありました。週末にはシャトル便の飛行機で簡単に行ける、ワシントンD.C.やボストンなどに出かけたりしました。そういった滞在のなかで、日本では絶対にあり得ないような経験をしました。

それは、筆者が街のなかを歩いているときに、ヨーロッパ系やアフリカ系のアメリカ人と思われる人がイクスキューズ・ミーと言いながら近寄ってきて、どう見てもアジア人にしか見えない青年に対して、ここへ行きたいのだがどうやって行くのか教えてくれ、と一度ならず道を聞かれたことです。今日の東京でさえ、一見して外国人とわかる人に日本人が道を聞く、などということはまずあり得ないでしょう。

しかし、アメリカ人から見るとアメリカにいる人はみなアメリカ人なのだ、日本とは全く違うのだということを実感しました。

育った社会も言語も違う人たちとのコミュニケーション

日本で生まれ育ち、日本語を母国語とし、ほとんどがいわゆる日本人からなる社会はきわめて均質性が高い社会、逆に言うと多様性の少ない社会、ホモジニアスな社会です。そ

んな社会では、多くの人々の発想や考え方、価値観や世界観、言葉の意味やニュアンスなどが同じか、違っていてもその違いはきわめて小さなものです。

そういった社会におけるコミュニケーションに慣れている人たちが外資系の企業に入るとどうなるか。外国人を相手にする際に、頭のなかでは相手を「ガイジン」と思っていますが、実際のコミュニケーションでは、あたかも日本人相手に話をしているような対応をしていることがよくあります。発想も考え方も似たような日本人相手に話す内容をそのまま頭のなかで英語に訳し、それを相手に話すという対応です。

例えば、日本人が習慣的にやっていること、日本人にはごく当然なことなどについて、背景や理由を説明せずに、そのまま英訳して相手に話すようなことです。

かなり前のことになりますが、日本へ赴任して間もない外国人マネジメントに、日本では誰も不思議には思わない「残業」を前置きなしで話したところ、怪訝な顔をされたことがあります。いわゆるホワイトカラーと「残業」は彼の頭のなかでは結びつかなかったようです。

こうして、こちらが伝えようとしていることを相手がよく理解できなかったり、考えてもいなかったような質問が相手から出たりすることになります。

いずれもこちら側から見ると予想していなかったことです。どうしてそんな当たり前のことを聞いてくるのだろう、そんなことを言われたって日本では昔からそうやっている、

こんなに丁寧に説明しているのにどうしてわかってくれないのだろう、といった不信感や困惑がこちら側に出てきます。彼らはこちらの言うことを信用していないのだろうか、といった気持ちになることさえあります。

育った社会も言語も全く違う人たちとコミュニケーションをするにはどうしたらいいか。価値観や世界観など多くの点で私たちとは異なる人たちと意思の疎通を図るためには、日本人相手とはかなり異なるやり方をする必要があります。

日本人の間ではごく当たり前のことが、相手にとっては当たり前ではないことがあり得る、ということをまず肝に銘じることが重要です。

肝に銘じたらどうするか。それは、伝えようと思うことを口にする前に、またはメールに書く前に整理してみることです。そして整理したものを順序立てて、一つずつ相手に伝えることです。

外国人と話をしていると、小指から一本一本指を立てながら話すのをよく見ます。彼らの頭のなかでは、伝えようとすることをいわば箇条書的に整理し、そしてそれを一つひとつ相手に伝えることを多分無意識的にやっています。

こうすることで、自分が話している内容がそれぞれ整合性があるか、説得力があるかをこれも無意識的に、または習慣的に頭のなかでチェックしているのかもしれません。

外資系で働くことは、見方を変えると、異文化コミュニケーションを自分で実践するこ

となのです。

日本の法令の文言は曖昧か

一般に日本の法令の条文は曖昧で内容が具体的ではない、そこで行政指導や通達などを通じた恣意的な行政が蔓延することになる、と言いたてる外国人マネジメントが今でもいます。

私たち日本人から見ると、そういう場合もあるかもしれないが、いちがいに曖昧だと決めつけるほどひどくはない気がします。一部の外国人の偏った見方かもしれませんが、何か原因があるのではないかと考えてみました。

結論を先に書くと、ダイバーシティが関係しているのではないでしょうか。外資系であれ日本の会社であれ、どこの会社にも社内規程があります。そこで、外国にある本社の社内規程、つまりポリシーズ・アンド・プロシージャーズ（Policies and Procedures）の書きぶりを見てみると、日本の会社の社内規程とは違った特徴に気づきます。

その特徴は、日本の会社の規程であれば、関係する事項や分野をそこまで細かく区分して、それぞれについてさらに詳細を規定するようなことはしないのに、ポリシーズ・アンド・プロシージャーズではこと細かに規定している場合があることです。日本人から見ると、ごく当然のことをなぜそのようにわざわざ詳細に文章化するのか、不思議に思うこと

があります。その原因がおそらくダイバーシティなのです。

生まれ育った社会や環境、発想や考え方、価値観や世界観、言語、言葉の意味やニュアンスなどが人により異なる人々が集まった社会では、共通性が非常に希薄です。

そのような状況では、日本の会社と異なり、私たち日本人から見ると当たり前のようなことでも、こと細かに規定しないと、社内規程すなわちポリシーズ・アンド・プロシージャーズの解釈が社員により異なってしまうことになります。これは企業にとっては是非とも避けなければならないことです。

法令も同じです。政省令や施行規則、一般に英語でレギュレーションズ（Regulations）と呼ばれるものを考えると、すべての人が同じ解釈になるためには、社会の状況を反映した書きぶりにならざるを得ません。多様な人々がいる社会では、より詳細に具体的に書かなければなりません。

しかし日本人から見るとかえって曖昧に思えるポリシーズ・アンド・プロシージャーズの条文があります。おそらくそれらは日本人には曖昧に思えても、その外資系企業の本社から見ると曖昧ではなく、これ以上の詳細な記述は不要と考えたのです。すなわち共通解釈ができる部分だと判断したのです。

日本人はプレゼンテーションが下手か

日本人はプレゼンテーションが下手だと言われていますが、その原因の一つに前述のようなことがあります。つまり、発想も考え方も似たような人たちに対するプレゼンテーションと、育った社会も言語も全く違う人たちに対するプレゼンテーションでは、おのずから異なった対応をすべきでしょう。それを同じようにするから、相手から見ると日本人はプレゼンテーションが下手だということになってしまうのです。

しかし、実は最近これもかなり変わってきている気がします。外国人とのコミュニケーションの機会が増えた結果、日本人の方もテクニックが上達したのかもしれませんし、パワーポイントなどのツールをみなが使うようになったために、さらに上手になったのかもしれません。

いずれにしろ、世界中のさまざまな人たちに自分の考えや計画を伝えて理解してもらうためには、日本人同士の間のコミュニケーションとは異なったアプローチが必要です。

例えば、日本語のテンプレートや資料を英訳してそのまま使うのではなく、英訳したものを親しい外国人に前もって見てもらい、必要であれば修正してから使うのも一つのやり方です。

わかったつもりになる日本人、意見や主張をまず整理する

日本人だけの会議での発言や、日本人をあて先にした日本語のメールの書きぶりを見ると、親指から始めて指を一本一本内側に折り曲げ、箇条書き的に一つひとつ相手に伝えるやり方はあまり見られません。むしろ話やメールの内容があっちへ飛んだりこっちへ来たりすることが多く、伝えようとしている内容が整理されていないだけでなく、感覚的で抽象的な内容になっていることがかなりあります。

その結果、会議での議論やたどり着いた結論を後で整理してみると、結論に至る道筋が非常にあやふやで筋道が通っていなくて、なぜそういう結論になったのか曖昧なことがあります。

ところが、そういった状況でも、実際に会議に出席して議論を聞いたり資料を読んだりしていると、なんだかわかったような気分になることが多いのも事実です。

外資系の会社では、こういった会議の和文議事録を英訳してマネジメントに提出することがあります。自分もメンバーで出席していて、わかったような気分になった会議の和文議事録を英語にすると、何を言っているのかわからない文章、主語がないので誰がそれを行なうのかわからない文章、会議の結論がなぜそのようになったのか理解できない文章などがかなりあります。

もっとも典型的なものの一つは、何々をすると結果はこうなる、したがってこの計画は

達成できるといった類の議論です。日本人が聞くと何の違和感もない「何々をすると結果はこうなる」という結論が、日本人以外の人が聞くとどうしてそうなるのかわからない、少なくとも何段階かの論理の飛躍があるため、理解できないことがあります。ちなみに多くの人が知っている「風が吹けば桶屋が儲かる」は極端な論理の飛躍の一例です。

後でよくよく突き詰めて個別に一つひとつ検討し直して、日本人には当たり前で特に言及しなくてもおたがいにわかっているさまざまな前提条件を表に出すと、そんな結論は可能性の一つで、必ずしもいつもそうなるとは限らないケースも出てきます。ホモジニアスな社会の特徴の一つです。

言語も育った社会も異なる人たちとのコミュニケーションのポイントは、相手から「なぜ」「どうして」と聞かれることを前提にして、自分の主張や意見を整理する習慣をつけることです。

先に述べた「これをするとこうなる」という日本人にとっては素直に共感できることでも、もう一度振り返ってどうしてそうなるのか自分自身に問いかけ、筋道の通った回答ができるかチェックしてみることです。そして、論理の飛躍を感じるところがあれば、そこに説明を一つ入れて、相手にとって理解しやすいかたちで伝えることです。

そしてそうやってみると、日本人にとっては共感できることやなるほどと思えることが、意外なことにいつもそうなると言えず、相手から質問を受けることが多いことに気づきま

す。できることなら、そういった質問が少なくなる順序立てと説明をして、それを一つひとつ指折り説明することで相互理解が深まり、かつ短時間で理解を得ることができます。

もう一つのポイントは、主語が明確かどうか自問してみることです。日本語のレポートを読んでいるとそうは感じないのですが、英訳していてすぐ気づくのは、日本語の文章では主語がない（隠れている）ものがよくあることです。主語すなわち行動の主体が不明確だと、相手は理解しにくくなります。

ビジネスではありませんが、川端康成の小説『雪国』の有名な冒頭部分「国境の長いトンネルを抜けると雪国であった」は、まさに日本語の典型と言える表現でしょう。

主語だけでなく単数複数も苦労するところです。ビジネス上の重要なポイントについて、一人なのか複数の人間なのか、一件なのか多くのことなのか日本語では曖昧です。しかし私たち日本人は、それでも何となくわかったつもりになっているのです。

日本人にしか理解できない言い方

日本人は直接的な言い方を避ける傾向があります。ものごとをあまり直接的に言うと煙たがられ、同じことでも婉曲な表現にすると相手の心象はよくなります。言外の意味や裏の意味、行間をそれとなく察して、相手の言いたいことを理解するのが日本における大人の作法です。

しかし、外資系で仕事をしている日本人にとって、このような日本人の潜在意識は、外国人マネジメントとビジネス上の話をする際に注意すべきポイントの一つです。

例えば、ある計画について外国人マネジメントからコメントを求められた際に、日本人がよくやるのは、自分はその計画に反対の意見を持っていたとしてもそれをそのまま相手に伝えるのではなく、遠回りをした婉曲な表現をしてしまうことです。よく見るのは、まず尋ねられたことについて肯定的なコメントをし、そのつぎに問題点や懸念をそれとなく述べるやり方です。

日本人同士の話であれば、相手がよほど鈍い人でない限り、こちら側の意図を察して、最初の肯定的なコメントはいわば前置きであり、本当の意見は反対だとすぐにわかります。逆に最初からストレートに反対意見を述べると、相手がよほど度量のある人でない限り、気まずいことになって今後の仕事に差し支えがあるかもしれません。

しかし相手が外国人の場合、このようなやり方は相手を混乱に陥れるだけで、こちらの意図は伝わりにくくなります。相手の外国人から見ると、この人はいったい何を言いたいのだろうか、さっぱりわからない、となってしまいます。

意図が伝わらなければ、反対したにもかかわらずその計画は実行に移されてしまうかもしれません。こちら側の日本人からすると、あれだけ言ったのにやっぱり外人にはわからないのかなあ、となります。これは双方にとっていいことではありません。

私たち日本人にとっては、ものごとを英語で婉曲に表現すること自体がそもそも難しいことです。それだけで意思の疎通は困難になるうえに、まして通訳などを介して会話をする場合はなおさらです。

ビジネス上で外国人と話をするときには、ある程度の前置きはあってもいいですが、気をまわしすぎずにできる限り率直に、こちらの考えや意見を伝えることが重要です。

日本人に対して言うことを英語に訳して伝えるのではなく、どうしたらこちらの考えが相手に正しく伝わるかをまず考え、言うべきポイントを頭のなかで整理し、一つひとつ順序立てて表現することです。こうすることで不必要な誤解を避けることができます。

外国人マネジメントに伝わらない危惧や懸念

会社経営においては、つねにさまざまな計画やプロジェクトが同時進行しています。業種や会社によって異なりますが、大きなものでは、例えば新商品の開発・販売プラン、ＩＴの総合的・抜本的更新プロジェクト、会社組織の全面的見直しプロジェクトなど、長いものでは完成まで数年がかりのものもあります。

なかには部長やマネジメントによって見解や考え方が違い、すり合わせに非常に長い時間がかかることもあります、というよりは一般的にはそれが普通です。

大がかりな計画やプロジェクト、つまり完成まで長期間を要し、コストがきわめて高額

で、会社にとって大きな潜在的リスクをともなうものは、会社として正式に決定するまでに、何回も経営会議や取締役会などで議論することになります。

そして計画やプロジェクトがスタートしますが、半年一年と時間がたつにしたがって、当初考えていたことや予想していた状態とはかなり違う状況になることがよくあります。

例えば、当初のプランをそのまま続行すると、計画していたものが予定した期間内にできない、計画していたものを計画どおり完成させるにはさらに時間とコストがかかる、などといった状況です。つまりものごとが計画どおり進まない、予定からずれてくる、正確に言うと、そのようなことになりそうな予兆やサインがあちこちで見られるような状況です。

こんな場合に外資系でよく見ることがあります。それは、日本人マネジメントの危惧や懸念が、外国人マネジメントから後ろ向き、消極的ととらえられてしまうことです。

このままでは今後の会社経営に大きなマイナスとなる、これは外国人のシニア・マネジメントに絶対に理解してもらわないと大変なことになる、ということでそれを外国人のシニア・マネジメントに伝えるのですが、前述のように消極的だとか後ろ向きととらえられてしまうのです。

そんなことが何回か続くと、その日本人マネジメントは、自分が持っている危惧や懸念を外国人のシニア・マネジメントに伝えることを躊躇するようになります。自分が上層部

に誤解され、自分に対してマイナスのイメージを持たれるのは誰しも避けたいことですから、ある意味これは当然のことでしょう。

日本人同士であれば、懸念や心配をマネジメントと共有することは、容易ではありませんができないことではありません。繰り返し懸念を伝えたり、何人もの部長が異口同音に同じようなことを日本人マネジメントに言ったりすれば、マネジメントと懸念や心配を共有できます。ホモジニアスな日本社会の特徴です。

しかし、外国人がマネジメントの場合、懸念や心配を共有することはなかなか難しいことです。それは、これは論理で説明できるようなことではないからです。筋道を立てて説明しにくい、たくさんのちょっとしたズレ、違い、遅れ、誤解などから何となく感じる、本人さえもそうだとは断定できない懸念や危惧です。

因果関係などを明確に説明できるような状態になれば、それは懸念や危惧がすでに具体化してしまった、会社の経営にかなりの影響を与える事態になってしまったということです。これは多くの外資系にとって解決の難しい問題です。

通訳を使ったコミュニケーションの限界

絶対数はまだまだですが、外資系ではどうにか英語を話すことができる日本人社員が増えた結果、社内のコミュニケーションで通訳を使うことはほとんどなくなってきました。

専門の通訳が必要となる例外的なケースは、経営会議や取締役会くらいでしょう。そこでは、外国人マネジメントの発言は、正確に日本語に訳して（英語がわからない）日本人マネジメントに伝える必要があり、逆に日本人マネジメントの日本語での発言は、正確に英語に訳し、外国人マネジメントが正しく理解できるようにしなければなりません。

特に監督官庁との会議など社外とのコミュニケーションに際しては、日本語が相当できる外国人マネジメントであっても、まだまだ通訳を介してコミュニケーションをすることが多いようです。

このように専門の通訳を介してコミュニケーションを図るのは、誤解や行き違いをなくすためには必要な方法です。しかし、通訳の介在により別の問題が生じる可能性があることを知っていないと、正確な逐語訳が逆に誤解のもとになる危険性があります。

その一つは、話している人の心理や意図です。私たちの誰もが知っているように、同じ言葉で表現しても、話す人の顔つきや態度、言葉の強弱などによって、話し手の意図が異なります。言葉のうえでは淡々として喋っていても、内心は非常に怒っていたり、きわめて憂慮していたりする場合さえあります。

このようなときに、話す人の心情を推察して、それに合わせて通訳することは実際にはほとんど不可能です。実際には不可能なことを知っていて、相手の態度や語調を感じながら、通訳された英語を聞く外国人マネジメントであれば問題はあまりありませんが、その

ような人はきわめて少数でしょう。

その結果、会議に同席した日本人から見ると、例えば相手が懸念を示しても、外国人にはそれが懸念だとわからず、相手の意図を言葉どおりに受け取ってしまうことになります。もう一つのケースは婉曲な表現や比喩的な言い方です。前述のように、日本人は一般的に直接的な言い方を避ける傾向があります。比喩的な表現でも、ことわざであれば適切な英語のことわざに訳すことで誤解を避けることができますが、婉曲な表現をそのまま正確に逐語訳すると、外国人にはわかりにくいケースがでてきます。

意味が理解できない場合、その場で聞き直すことができる雰囲気であればいいのですが、社外の会議などの場合にはいつもそうだとは限りません。このように、専門の通訳を介することでコミュニケーションができていると素朴に信じることは危険です。

メールを早く読んでもらう工夫、写しの送り先

コミュニケーションは口頭によるものだけではありません。最近はメールによるコミュニケーションの方がより頻繁になってきました。メールで重要なのは、中身もさることながら、相手に放っておかずに早く読んで理解してもらうことです。このため、メールではそのための工夫をする必要があります。

ところが、日本人であると外国人であるとを問わず、意外に多いのが言いたいことや伝

えたいことをそのまま文字にして送る人です。

その結果はどうなるか。メールにはびっしりとアルファベットが並び、文章が切れ目なく何十行も続いています。内容がどこでひと区切りになっているのか、いくつくらいの論点があるのか、何が重要なことなのか、見ただけでは見当もつきません。苦労して読んでいく途中で、間違えて同じ行をまた読んでしまうことさえあります。

こういったメールは、相手に読んでもらうための工夫をしないで、こちらの言いたいことだけを書いた、自分中心のメールです。

読んでもらうための工夫は簡単で、それほど難しいことではありません。それは、自分が受け取ったときに、読むのは後回しにしようなどと思わないようなメールを自分が書くことです。

具体的には、

一つのことを数行でまとめる
つぎの事項に移る前に一行あける
言いたいことが複数ある場合は（この本の各章の最後についているまとめなどのように）箇条書きにする

それだけです。

こうすれば相手に早く読んでもらえるだけでなく、こちらが伝えたいポイントを正しく

理解してもらえる可能性が高まります。

なお、日本語のいい点は漢字があることです。漢字は読まなくても、見るだけである程度意味がわかります。ざっと漢字を見ただけで、メールのおよその内容を推測できます。しかし英語はアルファベットだけで、漢字と仮名に相当する「見てわかる文字」がありません。ですから、英語では読んでもらうための工夫がより重要になります。

最後に、日本語の文章をさらにわかりやすくするためのヒントを一つ。漢字が非常に多い日本語の文章は、英文と同じで読まないと意味がつかめません。漢字にするのは重要な事項だけに限る、例えば接続詞などはひらがなにすることで見てわかる日本語の文章になります。

以下は、前の十行ほどの文章をそのまま使ったよい例と悪い例です。メールは通常横書きですが、縦書きでもある程度想像できるのではないでしょうか。

よい例

こうすれば相手に読んでもらえるだけでなく、こちらが伝えたいポイントを正しく理解してもらえる可能性が高まります。

なお、日本語のいい点は漢字があることです。漢字は読まなくても、見るだけである程度意味がわかります。ざっと漢字を見ただけで、メールのおよその内容を推測できます。

しかし英語はアルファベットだけで、漢字と仮名に相当する「見てわかる文字」がありません。ですから、英語では読んでもらうための工夫がより重要になります。

最後に、日本語の文章をさらにわかりやすくするためのヒントを一つ。

漢字が非常に多い日本語の文章は、英文と同じで読まないと意味がつかめません。

漢字にするのは重要な事項だけに限る、例えば接続詞などはひらがなにすることで見てわかる日本語の文章になります。

悪い例

こうすれば相手に読んで貰えるだけでなく、こちらが伝えたいポイントを正しく理解して貰える可能性が高まります。尚、日本語の良い点は漢字が有る事です。漢字は読まなくても、見るだけで或る程度意味が分かります。ざっと漢字を見ただけで、メールの凡その内容を推測出来ます。然し英語はアルファベットだけで、漢字と仮名に相当する「見て分かる文字」が有りません。ですから、英語では読んで貰うための工夫がより重要になります。最後に、日本語の文章を更に分かり易くする為のヒントを一つ。漢字が非常に多い日本語の文章は、英文と同じで読まないと意味が掴めません。漢字にするのは

重要な事項だけに限る、例えば接続詞などは平仮名にする事で見て分かる日本語の文章になります。

メールの写しの送り先が多いのも外資系の特徴です。今では多くの日本の会社もあまり違わないでしょうが、マネジメント本人が自分でメールを書いて送ることが外資系ではごく普通に行なわれています。タイプライター社会の結果かもしれません。

マネジメントのメールはマネジメントあてだけとは限りません。部長や場合によっては課長クラスにメールが来ることもあり、そこに他のマネジメントを含めたくさんの人がＣＣ（カーボン・コピー、写し）で入っていることがあります。

その結果、あて先になっている人から来る返事にもたくさんの人がＣＣに入っています。また、当然ですがメールは日本国内だけでなく、海外にある本社のマネジメントや担当者に送ることもあれば、逆に本社から日本のマネジメントや担当の部長や課長に送られてきます。ＣＣに関係者の名前がいくつも入っていることもあります。

さて、このようにたくさんのＣＣが入っているのはどうしてでしょうか。これではメールの洪水のようなもので、意味のない余分なＣＣは入れるべきではないと思うこともあります。しかしよく考えると、外資系ではたくさんのＣＣが必要な理由が見えてきます。

第一に、外資系では一般的に組織が縦割りになっています。日本の会社のような全く異

なる部門への人事ローテーションも一般的ではありません。その結果、同じ組織内における上下の連絡や情報の共有は頻繁に行なわれますが、隣接する組織とのコミュニケーションは比較的希薄です。

極端に言うと、横から見ていて気づいた、日本の会社であればちょっと指摘してあげるようなことでも、そのまま黙っていることがあります。よく言えば自分の職務が明確に定義されているのが外資系です。

第二に、日本の会社のようにボトム・アップでものごとを決めるやり方、つまり、関係分野の係長や課長クラスが検討して原案を作成し、それを関係部門長に上げ、最終的には関係マネジメントが決める方式であれば、案件がマネジメントに上がってくる際には、関係者はすべて内容を承知しています。

一方、多くの外資系で見られるトップ・ダウンで決める方式では、このような情報の事前の共有を期待できません。そこで効果的なのがＣＣです。ＣＣに加えることにより、関係する人たちと情報を共有することができます。

第三の理由はリスクの分散です。ある案件について、直接関係するごく限られたマネジメントや部門長だけで検討して結論を出すと、ごく少数の人でリスクをシェアーすることになります。そのかわりに、広く情報を共有することで連帯する人の輪を広げ、意見や指摘を期待できるだけでなく、その案件に関するリスクの分散をすることができます。

これもトップ・ダウンだから必要なことで、日本の会社のように多くの部門の人が参加して下から上に上げていくボトム・アップでは、ＣＣが会社の意思決定の仕組みのなかにビルトインされていると考えることができます。

第四の理由は外資系に多い組織の細分化です。組織が細分化されて各々の職務や責任が明確に定義されると、例えば一つの経営計画であっても、計画の中身である個別の部分それぞれについて、責任を持つ部門や部門長の数が多くなります。このような場合、そういった人たちの意見やコメントを求めたり、サイン・オフを求めたりすることが必要になります。

ところで、ＣＣに入っている人は、単に情報をＦＹＩ（For Your Information、参考情報）としてもらっただけなので、特にコメントをしたり意見を述べたりしなくてもいいと思っている人がいますが、実はそうではありません。

ＣＣはもちろん参考情報の意味が強くありますが、気づいたことや意見、質問などがあれば遠慮すべきではないでしょう。積極的に意見を述べ指摘をすることで、事案の内容を改善することができます。

的確な指摘であれば、あて先やＣＣに入っているマネジメントの、あなたに対する評価につながることも期待できます。

まとめ

この章の要点はつぎのとおりです。

†日本人にとっては当たり前のことが、外国人には当たり前でないことがあります。それに気づかずに話すと、思わぬ質問が出たり、相手が理解できなかったりすることがあります。

†日本は均質性の高い社会です。それに慣れている私たちが外国人と話すときには、日本人に話すことを英語に訳して話すのではなく、話すべきことを整理し、順序立てて話すことで相手は理解しやすくなります。

†日本の法令は曖昧だという外国人がいます。均質性の高い社会における法令と、多様性の大きな社会の法令では、そもそも書きぶりが違うのかもしれません。

†おもに日本人を相手にするか外国人を相手にするかで、プレゼンテーションの内容や構成も変えるべきです。

†日本人の間ではわかっていても、外国人には理解できないことがあります。それを避けるには、意見や主張をまず整理して、相手に伝えることです。

†日本人は婉曲な表現を好み、直接的な表現はときとして嫌がられます。しかし婉曲な言い回しを外国人相手にすると、理解できないかまたは誤解されることがあります。気を使いすぎずに率直に言うことでそれらを回避できます。

†経営計画やプロジェクトが予定どおり進みそうにないときに、懸念や危惧を外国人マネジメントに伝えるのは非常に難しく、何回も伝えるとネガティブな態度と見られがちです。これは簡単に解決できない問題です。

†日本語のわからない外国人に、専門の通訳をつけることで誤解を避けることができる、と思うのは危険です。同じ言葉を使っていても、話している人の顔つきや音の強弱、態度などで伝えようとすることが異なります。

†ビジネスのメールを相手に早くかつ誤解なく読んでもらう工夫は大事です。一つのことを数行でまとめ、一行あけてつぎに移ること、そして箇条書きにすることもいいでしょう。

†外資系では、メールにたくさんのＣＣがついていることがあります。ＣＣは基本的には参考情報ですが、意見やコメントがあれば遠慮なく伝えるようにします。

5

タフネゴができない日本人

日本人は論理よりも共感

会議での議論やメールの内容を考えると、日本人は非論理的で外国人は論理的ということになりそうですが、本当はどうなのでしょうか。思うに日本のようなホモジニアスな社会では、人を説得するためには論理も大切ですが、共感の方がもっと有効です。

ですから、外国人が聞くと論理の飛躍があるようなことでも、日本人同士では共感することでおたがいに何となくわかった気になります。しかし、だからといって日本人即非論理的、と見るのも疑わしいのではないかと思います。

世界には日本だけでなくホモジニアスな社会や国があります。実質的に共通の言語や文化を持つ国を入れると相当な数になるでしょう。そしてそれらの国々にも多くの日本の企業が進出しています。そこに住んでいる人々から見ると、進出した日本の企業は外資系の企業です。

さてその外資系である日本企業の社員が、現地で仕事をしている場面を考えてみましょう。会議の際に現地の人たちの議論を聞いたり、現地の人たちが作成したレポートを読んだりしたときに、その日本企業の社員は、日本で働いていたときには感じなかった「なぜ」「どうして」をより頻繁に感じることがあるはずです。

そう感じるのは、現地の人たちにとってはごく当たり前のことが、社会や習慣などの違

いのために、日本人にとっては当たり前ではないとき、議論やレポートの内容自体が曖昧なとき、そして論理に大きな飛躍があるときです。

社会や習慣が異なっても、筋道が通っていれば多くの場合「なるほど」となります。ヘテロジニアスな社会にあっては、相手が誰であっても、コミュニケーションすなわち相互理解にはよりいっそう論理が重要なのです。ビジネスにおいては特にそうです。

ところで日本人は二者択一、白か黒か決めたがると言われています。センター試験の結果だと言う人もいます。本当にそうでしょうか。ビジネスの世界では、逆に日本人は曖昧で、白でも黒でもない灰色を好むようにも見えます。ことによると、日本人はいわゆる「割りきる」ことを好まないのかもしれません。

先に触れたように、共感することは白か黒かではなく、その中間のどこであっても、おたがいに共感できるところがよい戦略や計画となります。反対に、論理を優先すると、どうしても白か黒かの議論になります。白でないけれども黒ではない、では説得力がありません。よい悪いは別にして、最後にはあれかこれかの二者択一または三者択一に落ち着きます。外資系企業のマネジメントの考え方もそうです。「まあそんなもんだ」では経営判断の根拠や材料にはなりません。

例えば、現状を把握・分析・評価し、それらに対する会社としての取り組み計画を策定する作業を考えてみましょう。外資系企業のマネジメントがまず行なうことは、現状をい

くつかの要素に分けて、それぞれを分析し評価して今後の見通しを立て、それらを総合して実行計画を策定します。

一見すると日本の会社と同じようですが、大きく異なることがあります。それはこれらすべての作業において論理的整合性を求めることです。つまり「何かそんな気がする、多分そうだ、前もそうだった、これでいいだろう、このくらいではないか」のような議論ではなく、「こうだから必然的にこうなる、これ以外にはない、これはあり得ない、この可能性はきわめて小さい」のような議論になります。

その結果、日本人から見ると、非常にチャレンジングな計画ができあがることがあります。私たち日本人から見ると、「そんなことを言ったって」などと疑問を呈したくなるような、一見実現性の低い計画です。

しかし、そんな計画でも、論理的整合性を持って追求していくと、実現性が見えてくることがあるのが不思議です。日本人は四目も五目も先を感覚的に読んで、それで先回りして結果を予測しているのかもしれません。

ディベート

英語のディベート（Debate）は討論・論争などと訳されていますが、筆者には侃々諤々や甲論乙駁の方がしっくりする気がします。なぜなら、ディベートとは、あることがらに

ついてまず一方が自己の主張を述べ、相手方がそれに反論をしたうえでさらに自己の主張を述べることを繰り返す議論のやり方で、四文字熟語にするとまさに侃々諤々、甲論乙駁になります。

ところで、日本人同士が議論をするところを見ていると、おたがいに自己の言い分を主張することがほとんどで、相手の主張に対して論駁することがあまりありません。ディベートになっていないのです。

外国人と議論をしていると、彼らは自分の主張や意見を言うだけでなく、こちら側の主張や意見に対して、反証を出したり矛盾点や弱点を突いたりして反論します。しかし、日本人の方は相手の論拠に反撃を加えるような議論をあまりしたことがないので、同じようなことをすることが苦手です。また相手の主張に対して率直に反論することを躊躇します。

日本人同士の場合に、率直にものごとを言うと、そこまであからさまに言わなくてもなどと思われ、挙句の果てにはとげとげしい雰囲気になることもあります。

例えば、社内で販売戦略などを検討する際にも、日本人同士ではやはり遠慮があります。相手の言い分を逐一論駁するのではなく、自分の主張を何回も述べ、その結果声の大きな方が勝つことになります。筋道の通った主張よりも、相手や周囲の共感を呼ぶことで説得力があると感じてしまいます。

外資系で外国人と議論をする際に同じことをすると、当然ながら結果は明らかです。日

本人は相手が主張するポイントを論破することができず、反対に、こちらの言い分に向けられた質問や反対の証拠などに対して説得力のある反論ができず、相手の主張を認めざるを得なくなります。

自分の主張や考えをいかに相手に理解してもらうか、日常の生活のなかにおいてさえ知らず知らずのうちに訓練している多くの外国人と、均質性が高く以心伝心的な社会に住む日本人とでは、よほどの事前準備をして、かつディベートをする意識をしっかりと持って臨まない限り、勝ち目が少ないのは明らかです。こんなありさまなので、日本人にはタフネゴシエーターはあまりいないのです。

外資系企業で、自分の考えや戦略、計画を日本人ではない相手に認めさせるには、ディベートの技術を身につけることも必要です。また、ディベートの結果、ある決定がされた場合には、たとえそれがこちらの主張とは違ったものであっても、過去はすっかり水に流し、根に持つことはしないのが鉄則です。

説得力のある英語

外資系でも、立て板に水を流すように英語を話す人は少数派です。流暢な英語を話せても、前述のように「英語はできるのだが」ではどうしようもありません。また、外資系だからといって、すべての職務で英語を必要とするとは限らず、職務の内容によっては必ず

しも英語を必要としない分野があります。

全体的に見ると、英語を読み書きすることはできても話せるのはまだ少数派、というのが外資系で働いている人の現状です。しかし、前述のように、ポジションが上がるにつれて英語の必要性は増えるのが外資系では一般的です。

部長クラスまたはさらに上の役職についたにもかかわらず、英語を話すのが苦手でうまく話せない人がいます。うまく話せないにもかかわらず、英語を話さなければ仕事にならない役職に昇進してしまった人もいるでしょう。このような英語を話すのが苦手な人たちを見ていると、大きく分けて二種類の人たちがいます。

一つは、英語を話すことがどうやってもうまくできない人、いわば外国語を話すことにアレルギー的な反応を示す人です。たくさんの外国人と一緒に働いているので、外国人そのものが苦手なのではなく、日本語以外の言語を話すことが苦手なのです。いろいろ努力してもどうしてもうまくいかないので、最終的にはそもそも英語を話す素質自体がないとして、「ムダな努力」をやめてしまう人もいます。このような人でも、かなり苦労はするものの、どうにか英語のメールを読んだり書いたりすることはできます。

もう一つの類型は、とにかく英語を話してしまう人です。正確には英語を話すというよりは英語の単語をとにかく喋る人、心臓で英語を話す人です。当然のことながら、相手がこちらの言うことをなかなか理解できない、意思の疎通に時間がかかる、誤解されやすい

など、コミュニケーションにはさまざまな困難がともないます。
しかし、心臓で話す人のなかには、自分の言いたいこと伝えたいことを非常な熱意を持って、しかもそれを態度で示しながら話す人がかなりの割合でいます。日本語的な発音で英単語を並べる話し方をすると、相手は当然何回も聞き返します。そこで本人は熱意をこめて何回も同じ単語を繰り返し話し、それでもダメだとわかると、乏しい語彙のなかから別の単語を探してそれを口にします。こうしてようやくある程度の意思の疎通ができます。

ただここで肝心なのは、話の主題に対する本人の熱意が相手の外国人に伝わっていることです。流暢な英語ではなかったけれども、結果として本人の意図や言いたいことはかなり相手に伝わっています。場合によっては、流暢ではあるが単調で熱意の感じられない話し方よりも、ずっと説得力があります。熱意が感じられるような態度と話し方で、かつ流暢に話すのがもっとも好ましいのはもちろんです。

話の途中で口をはさむ日本人

外資系企業では、外国人もメンバーとして入って、英語で仕事の打合せや検討をすることがよくあります。こんな場合、外国人は社内の序列や職位をあまり気にしないで、自分の思っていることや考えを率直に主張します。日本人の目から見ると、いわばずけずけと

自分の主張を言いたてるような感じです。

そういった状況でおたがいに自分の考えを主張している間はまだいいのですが、議論が煮詰まり、結論を出さなければならない段階になると、外国人の主張とこちらの主張がぶつかり合うことも起こります。こんな場合、外国人と日本人それぞれに共通する現象が生じます。

まず外国人に共通することですが、相手が喋っている間は口をはさむことをしないで、相手が言い終えるまで待ちます。もちろん自分の考えや反論を言いたくて仕方ないのですが、それを我慢している様子がうかがえます。

日本人はどうでしょうか。日本人には外国人とは全く違った対応をする人がかなりいます。彼らは、相手が話している途中であっても、口をはさんで相手をさえぎり、自分の考えを主張します。相手が話し終わるまで待つことをしないのです。

そして、口をはさんだ日本人がひとしきり話した後で、その外国人は再び自分の主張を話し始めます。こんなやり取りが何回も繰り返されたとき、外国人の様子を見ていると、あからさまに肩をすくめるようなことはさすがにしませんが、うんざりした顔をする人もいます。

相手の話の途中で口をはさむ日本人は、どちらかというと英語を流暢に話せる人に多いようです。流暢に話せるからこそ、相手の話の途中であっても、口をはさんで自分の主張

を喋りたくなるのでしょう。

このような人は、英語は上手だけれど議論の基本的なマナーを知らない人です。

一方あまり英語のできない人は、相手が話し終わるまでじっと待つしかありません。彼らは、相手が話している間に、自分がこれから話すことを日本語から英語に頭のなかで訳しているのです。

英語もできる人の落とし穴

あまり英語がうまくない人は、自分が話す内容をよく考えて、できる限り本題に集中して話そうとします。英語を流暢に話せる人にとっては、相手が話している最中に口をはさむことを慎むだけでなく、もう一つ注意すべきことがあります。

それは、英語ができるが故に陥りやすいこと、すなわちあえて口にしなくても大筋には関係しないことまで口にしてしまうことです。日本人が相手であれば、派生的なことや付随的なことを話せば、それは一つの参考情報として相手が理解を深めるために役立つかもしれません。

しかし、同じ調子で外国人相手に話すとどうなるか。相手は本題との関係を理解できないことが多いので、当然いくつか質問が出ます。質問に対していろいろ説明をして理解を求めますが、この説明の際も要点を言うのではなく、さらにいろいろなことをつけ加えて

しまいます。

同じ会議に参加していて横で聞いていると、そこまで言わない方がいいのではとか、そういう言い方をしたらまずい、それでは相手がさらに混乱する、などと感じる場合がありますが、止めようがありません。その結果、ときには予測もしていなかった質問が出て、本人は返答に窮することさえあります。

なぜこのようなことが生じるか。それは、英語をすらすら話すことができるために、頭のなかに浮かんできたことをそのまま英語にして話してしまうからです。話している本人は、相手が状況をよりよく理解できるように、付随的なことまでつけ加えるのですが、この結果聞いている方はさらに混乱してしまいます。

問題は、日本人同士で議論をしている際に言うようなことを、そのまま英語にして話すことです。話の筋道を立てて相手にわかりやすいように言うのではなく、頭のなかに浮かんできたことをそのまま英語にして話すため、日本人ではない相手に混乱が生じてしまうのです。

相手の理解を求めるのであれば、言いたいことを言うのではなく、どうやったら相手が理解してくれるかロジックをまず考え、そして主題の理解のためにどうしても必要なことに絞って話すべきでしょう。

なおこれは会議などの際の話し方のことであって、いわゆる雑談をしている場合もそう

した方がいいと言っているのではありません。いつもそうしていたら、その日本人は「遊び」のないカチカチの人と思われてしまうかもしれません。

ときにはこてこての日本人的な言い方や論理で話すこともやってみてはどうでしょうか。そうすることで、あなたに対する相手の理解が深まります。そんななかで、もしユーモアの一つでも言うことができれば、相手のあなたに対する親密度はさらに増すでしょう。

最後に、英語が非常にうまい人によくある、外国人にはわかりにくい対応を一つご紹介します。英語が非常にうまい人は、外国人と話をする際に、はい（イエス、Yes）、そのとおり（コレクト、Correct）、全くそのとおり（イグザクトリー、Exactly）など、相手が言ったことに相槌を打つような表現をかなり頻繁に使うことがあります。

ところがそういった日本人は、こういった言葉に続けて、しかしながら（ハウエバー、However）とか、しかし（バット、But）といった言葉と共に、相手の言ったことと異なることや、相手の言ったことと矛盾することを言い始めます。つまり、まず相手の言ったことを肯定しておきながら、違うことを言い始めるのです。

こんなときに相手の外国人を見ていると、一瞬怪訝な顔をして、しばらくしてから「そういうことだったのか」という表情になります。こういったことが何回か繰り返されるのを見ていると、英語が流暢すぎるのもどうか、という気になることがあります。

外国人と話していても、そもそも即座に相槌を打つ必要はなく、前置きなしで本題に

入っても相手は理解してくれるはずです。

まとめ

この章の要点はつぎのとおりです。

†日本人は非論理的と言われることがありますが、均質な社会では、共感することでおたがいにわかったような気になるのです。外国人マネジメントには、論理一貫性がない話はなかなか理解できません。

†外国人と議論をする場合には、相手を説得するための手段、つまりディベートをするような心構えも重要です。

†説得力のある英語は流暢な英語とは違います。もっとも大事なのは、英語は上手でなくても、話していることに対する本人の熱意が相手に伝わることです。

†一般に外国人は相手が話し終わるまで待って話し始めます。これが議論のマナーです。一方日本人は、相手が話している途中で口をはさむことがあります。

†外国人に理解してもらうには、思ったことをそのまま話すのではなく、筋道を立て整理して話すことが大事です。

6

社内規程をひたすら守る日本人

なぜマニュアルどおりに仕事をするのか

その昔、あるファースト・フード店で、ハンバーガーを二十個注文した人に、「こちらでお召しあがりになりますか、それともお持ち帰りになりますか」とたずねた店員がいたという話がありました。店員がそのように言ったことに対する、なかば揶揄的な口調でした。しかし本当のところは、その店員は客との応対に関する会社のマニュアルにしたがってそう言ったのです。

業務を行なううえでのルールすなわち社内規程があり、そのルールにしたがって業務を行なうのは日本の会社でも外資系でも同じです。一般にはルールをさらに具体的にわかりやすく記述したものをマニュアルと呼んでいます。

ルールやマニュアルがなく、社員が各自思うままに自分勝手に、自分がもっともよいと考えたやり方で仕事をすると、結果としてすばらしい業績に結びつくこともありますが、逆に大きなリスクを抱えたり、会社の経営戦略とは異なることに経営資源すなわち時間とお金を費やすことになりかねません。さらに最悪の場合には法令に違反してしまうことも考えられます。

日本の会社であれ外資系であれ、一般的にマネジメントが内容を知っているのは基本的な規程類（英語ではポリシーズ、Policies）であり、詳細にわたる社内規程（手続規定で英

語ではプロシージャーズ、Procedures）を詳しく知っているのは部門長およびそれ以下の社員です。

そういったなかで、特に外資系のマネジメントが不思議に思うのは、社会経済情勢や競争環境の変化にともない、もはや不必要になった仕事や、必要ではあるがやり方を変えるべき仕事を、社員が今までどおりにやっているケースです。

日本の会社であれ外資系であれ、一般にマネジメントは経営的観点から、どうしたらもっとも短い時間と少ないリソースで、必要とされる成果を挙げるか考えています。外資系では特にそうです。その理由の一つは、日本担当をアサインされた数年の間に、一定の業績を挙げなくてはならないからです。

一方、部門長や課長および一般の社員から見ると、社内規程やマニュアルに書いてあるとおりに業務を行なっており、マネジメントから疑問を呈されること自体に違和感を持つことになります。

ここで重要なのは、社内規程やマニュアルにしたがって業務を行なうだけでなく、そもそもその社内規程やマニュアルなどが現状に即しているのかをつねに見直して、随時アップデートしていくことです。

社内規程にとらわれた仕事をやっていると、本人は一生懸命仕事をして会社に貢献していると思っているのに、マネジメントから見ると、不要な仕事をしているとか、もっと効

率的効果的な仕事をすべき、といった齟齬が生じます。

ルールどおりの仕事をすることも重要ですが、そのルールが現状に合っているかについてもつねに気をつけて、時代遅れになっていないか、もっと短時間で同じ目標を達成できる方法はないか検討してみることはもっと重要です。

当然ながらこういうことは外資系のマネジメントに特有のことではなく、日本の会社のマネジメントの多くも同じような見方をしているでしょう。最短時間で、最少の経営資源で、最大の成果を挙げることは、企業であれば日本の会社も外資系も大きな違いはありません。

さらに、海外へ進出している日本企業の日本人マネジメントは、日本でビジネスをしている外資系の外国人マネジメントと似た立場にいます。現地の従業員に対して、彼らも同じような見方をしているはずです。

ちなみになぜこのようなことが生じるのか。外部環境が変化しているにもかかわらず、いつまでも古いままのマニュアルにしたがって仕事をしているのか。その大きな理由の一つが、課長や部長などの上司が成果物を受け取るだけで、部下の仕事の詳細を知らなかったり、見直していないことです。

もう一つは、課長や部長など中間管理職のマインドセットの問題、つまりつねに仕事の改善を目指すという意識の問題でしょう。日本の会社であると外資系であるとを問わず、

ビジネスの世界でこそ「苟日新日々新又日新」は深く心に刻むべき箴言です。

似たようなケースがもう一つあります。それは、新たな取り組みや仕事のやり方の変更を外国人マネジメントから求められたとき、部長や課長クラスの管理職がときどき示す反応です。その反応を簡単に言うと、「社内規程ではこうなっている、よって社内規程を変えない限り、マネジメントが指示するようにはできない」です。すなわち社内規程を盾にした拒絶です。

これは、外国人マネジメントにとって想定外の反応です。ルール遵守はもちろん重要なことですが、まずルールありきの考え方は彼らにとっては理解しがたいことです。社内規程は法令ではなくあくまでも社内の規程であり、その社内の規程は経営目標を達成するためにあるのですから。

新たな取り組みを始めたり、今までの仕事のやり方を変更したりするのですから、マネジメントも思いつきで要請しているのではありません。その背景や理由、予想される効果などを繰り返し説明し、管理職の理解を得ようとします。当然ですが彼らマネジメントの言い方は論理的で矛盾がなく、正面から反対することは容易ではありません。

そこで部長や課長はいろいろ意見を述べた後、社内規程のことを持ち出すのです。部長や課長本人は悪意があってそう言っているのではありません。また、諸般の事情を勘案し、経営的に見て反対をすべきだと考え、そのように言っているのでもありません。

そうではなく、逆に本人は社内規程を誠実に遵守することをまず考え、そのためにそのような反応をしたのです。ですから、本人は社員としてすべきことをしたと思っています。

すべてマニュアルに書いてある

外資系であれ日本の会社であれ、マネジメントは社内規程やマニュアルの整備とそのアップデートを進め、法令の改正や社会経済環境の変化に対応した内容にしようとしています。法令を遵守し、顧客満足度を高め、効率的な経営を行なうためには、それはそれで非常に重要なことです。

しかし、それも度がすぎると大変なことになります。極端に言うと、人が頭を使って工夫して仕事をするのではなく、社内規程やマニュアルにしたがい、人がいわば手足となって社内規程やマニュアルに書いてあることを実行する、という本末転倒が起こります。

何かわからないことが生じると、自分で考えるのではなく、とにかくまず社内規程やマニュアルを調べてみて、そこに書いてある内容にしたがって対処することになります。社内規程やマニュアルの整備が進んだ、日本の大手の金融機関に多いようです。

多くの社員がこのようなマニュアル中心のやり方をするようになると、その会社は競争環境の変化に迅速に対応することが難しくなります。これは会社の将来に対する不安要素の一つになります。

では、社内規程はできるだけ少なくすべきかというとそうではありません。少なくすると、それはそれでいつか必ずコンプライアンスなどの問題が生じます。メリハリのある社内規程の整備と、問題やわからないことが生じた際の対応にかかわる社員教育は重要です。

本社からの報告要請にどう対応するか

外資系の会社では、海外にある本社（本部）からの問い合わせや報告要請がかなり頻繁にあります。ここでは、定期的な報告を新たに求められた場合を例にして見てみましょう。まず本社から報告要領が送られてきて、その要領にしたがって今後は何月から何ヶ月おきに本社へ報告するように、などと書かれています。こんな場合、当初から外資系として日本でビジネスをしている会社と、Ｍ＆Ａで最近になって外資系になった日本の会社がそれぞれどのように対応するか見ていると、かなり違うことがわかります。

当初から外資系として日本でビジネスをしている会社の対応は、まずその本社報告の目的や意図がどこにあるのか、何のために本社はその報告を使うのかなどについて、報告の内容・グラニュラリティ（細かさ）・報告頻度などからできる限り推測をします。

報告要領のなかで不明確な部分があれば、その推測にもとづいて不明確な部分を補います。それでもどうしても理解できない部分や、自分たちの推測とは矛盾するような部分があれば、それらについて本社に問い合わせをします。ですから、本社に聞く部分はきわめ

て限定的です。そして求められた報告を開始します。

一方外資系になった日本の会社は、まず報告要領を和訳します。それは、一般に日本の会社では、英語を読んでそのまま理解できる社員がそう多くないため、そして報告マニュアルをつくるために、どうしても和訳することになるのです。

つぎに和訳した報告要領をじっくり読み込みます。単語や文章の意味を逐一詳細に検討します。当然のことながらわからないところがたくさん出てきますので、それらをすべて本社に問い合わせます。これを最終的に納得するまで繰り返します。

その後、この報告に関する自分たちのマニュアルをつくります。後はこの和文のマニュアルに沿って定期的に報告を続けることになります。

当初から外資系として日本でビジネスをしている会社の場合、送った報告に問題があれば本社から連絡があるはず、だから本社がそのまま受け取っているのであれば、次回からも同じような報告を続けます。

これを何年か続けているうちに環境や状況が変わり、どう見ても当初の目的や意図からは、この定期報告は意味をなさない状況になることがあります。こんな場合には、本社に問い合わせたうえで報告を終了します。

一方外資系になった日本の会社はどうでしょうか。本社から送られてきた報告要領ではなく、自分たちが作成した報告マニュアルに沿って、期限に間に合うように定期報告を続

けます。報告マニュアルがありますから、報告担当社員が人事異動で別の社員に代わっても大丈夫です。

さて何年か経過して環境や状況が変化した場合はどうなるか。不要だと本社から連絡があるか、日本におけるマネジメントや管理職がストップを命じるまでは、定期的に本社へ送付し続けます。

このような仕事のやり方、つまり詳細なマニュアルを作成し、担当社員が人事異動でいなくなり、別の社員が来て担当しても、前の人と同じレベルの仕事ができることは非常に重要なことです。属人的ではなく誰がやっても一定レベルの仕事ができます。

しかし、このようなやり方は、一方では機械的になりがちです。もはや不要になった仕事、もっと効率的にできるやり方がある仕事、もっと成果の出るやり方がある仕事を、今までどおりの方法でやっていることが生じがちです。

言葉の意味合い

外資系の会社の人たちと話しているとそれほど感じないけれども、日本の会社の人たちと話しているとときおり感じることの一つに、言葉の意味合いや受け取り方の微妙な違いがあります。

一般にどんなことであれ、何ごとかを相手と話す際には、自分では強く意識してはいな

いものの、相手の反応や返事を予測して話をしています。そして相手の反応や返事が予測と違うと、会話のすれ違いというか何かちょっとした違和感を覚えます。日本の会社の人と話していると、そんな違和感を覚えることがあります。具体的な例で見てみましょう。

例えば、外資系の会社の担当者に「貴社の商品のなかで売れ筋の商品を三つ四つ挙げるとすると、どんな商品になるでしょうか」と質問したとします。多くの場合、その担当者からは「うちではこれこれの商品が現在の売れ筋です」という返事が返ってきます。質問した方にとっては大方これで十分です。

同じような場面で同じような質問を日本の会社の担当者にした場合はどうでしょうか。多くの場合、外資系の会社の担当者のような返事は返ってきません。そのかわりによく見るのは「対象とする期間はいつからいつまでですか、売れ筋の意味をもう少し具体的に言ってくれませんか、商品の個数ですかそれとも売上金額ベースの話ですか、付属品をつけた場合と単体の場合がありますがどちらにしましょうか」などといった確認です。

そしてそれに対してこちらがコメントすると「了解しました。間違いがあるといけませんので担当の部門に確認して後刻お返事いたします」ということになります。

これは単なる一つの例ですが、どうして外資系と日本の会社でこのような違いが生じることがあるのでしょうか。

これはあくまでも一つの推測ですが、外資系の場合は、話の流れのなかで相手の求めて

いるものを無意識的に推測し、相手が求めているものが大まかな数字だと思った場合には、正確ではなくても、知っているある程度の情報をその場で回答することが多いように思います。

そして話を続けるなかで、その回答の正確性や内容の程度、グラニュラリティに触れることができます。求めているものが推測に反してもっと細かくかつ正確なものであった場合には、「それでは担当の部門に問い合わせて後でご連絡します」となります。

相手が日本の会社の担当者の場合は、話の流れのなかでの推測よりも、求められている数字や情報の正確性や厳密性が気になってしまい、先ほどのようないくつかの質問が返ってくるのではないでしょうか。

もう一つ日本の会社で特徴的なことは、何ヶ月かしてその担当者の上司と顔を合わせた際に、「うちの担当にこのようなことをお聞きになったようですね」と言われることがあることです。

日本の会社では、仕事の話のなかでちょっと聞かれたことで、それがどう見ても機密事項ではない場合でも、その都度上司に報告することになっているのかもしれません。

まとめ

この章の要点はつぎのとおりです。

†社内規定やマニュアルにしたがって仕事をするのは重要なことですが、そのマニュアルをつねに見直し、アップデートすることも必要です。規定を守ることを考えるあまり、状況の変化に対応したり、新たなことに挑戦したりする発想が乏しい人がいます。

†マニュアルが充実すると、何かわからないことがあるとまずマニュアルを見る習慣になります。これは悪いことではありませんが、マニュアルに使われるような仕事になるとやはり問題です。

†新たに外資系になった日本の会社では、まず和文の詳細なマニュアルをつくり、それにしたがって仕事をします。しかしマニュアル中心のあまり、もはや不要になったことも以前と同じように続けるようなことが生じます。

†外資系の人と話をする、日本の会社の人と話をする、それぞれちょっとした違いを感じます。前者は場の雰囲気などに合わせて返事をする、後者は話す内容の正確性などを気にするような違いです。

7

たてまえと本音、形式と実質

たてまえと本音もコミュニケーション

たてまえと本音の二本立てになっているのが日本の社会の特徴のように言われています。たてまえとは、日本人であれば誰でも知っているように、表面上はそうだが本当のところは（表面上とは違い）別のところにある、形式上はそうだが実質は違うところにある、のことです。

例えば、本当かどうか知りませんが、京都では長居する客に「ぶぶ漬けでもどうどす」と声をかける。これはしかし遠回しに帰宅を促したもので、真に受けてはとんでもないことになるようです。

近頃は欧米人でもTatemae and hon-ne（タテマエ・アンド・ホンネ）などとわけ知り顔に言うことがあります。ビジネスのなかでも、たてまえと本音に出くわすことは稀ではありません。というよりも、ビジネスではたてまえと本音をいかにうまく使い分け、それによりこちら側にとってより有利な条件で決着させるのが作戦の一つです。

ビジネスがすべて本音ベースで行なわれていたら、交渉ごとはどうなるのでしょうか。おそらく一番の問題は、ストレートなやりとりになる結果、妥協点を見つけることもできなければ、スムースな意思疎通や人と人との関係に支障が生じることではないでしょうか。

ビジネスの世界で、たてまえと本音があたかも日本特有のように思われているのは、実

は外国人と日本人の間のコミュニケーションに問題があることが多いのです。

つまり日本人同士では、こちら側がある主張をしても、相手はすぐにそれがたてまえであることを見抜き、本音はどこにあるのか知ろうとします。そして本音を探りあて、それに対しての対応策を検討します。しかし相手が外国人の場合には、こちら側のたてまえをたてまえと見抜くことができず、いろいろ議論を重ねた後にやっとこちら側の本音に思いあたり、その結果日本人にはたてまえと本音があると思ってしまうのです。

このように見ると、たてまえと本音は日本の社会に特有のことではないことがわかります。例えば、日系の外資系の日本人マネジメントや社員は、進出した国でのビジネスに際して、現地の人たちのたてまえと本音に遭遇して苦労しているのではないでしょうか。最近読んだ中国に関する本のなかにも「中国人はみな本音と建て前は違うことを理解している」という記述がありました。

ビジネスに限らず、どんなことやどんな国や地域であっても、いつの時代でも、多かれ少なかれたてまえと本音があります。アメリカでよく見るポリティカル・コレクトネス(Political Correctness、政治的正しさ)、つまり差別的表現をやめることも現在ではまだたてまえの段階と言ってもあながち間違いではないでしょう。

たてまえでは平等であっても実際には差別されることだってあります。たてまえと本音はある意味で理想と現実と言うこともできます。たてまえと本音は根の深い問題です。

形式と実質　会議資料

形式と実質はたてまえと本音と似ていますが少し違う面があります。もっともわかりやすいのは行政です。行政で重要なのは実質のようですが、形式はある意味もっと重要です。その理由は、実質の中身は非常に曖昧で、人により場合によりかなり異なることがあります。人により場合により異なった行政が行なわれたら、結果的に国民は困ることになります。一方形式はその名のとおり実質よりも明確で、人により場合により解釈が異なることは実質より稀です。ときには過度に形式的になって非難されることもありますが、形式は行政に求められている公平・公正を確保する手段の一つです。

さて外資系と日本の会社では、形式と実質についてかなり異なる見方をしています。簡単に言うと、日本の会社は実質もさることながら形式をより重要視します。外資系の外国人マネジメントは実質をまず知ろうとし、実質がわかりにくい形式的な対応や資料、説明などに疑問を感じることが多いようです。簡単に言うと、「いろいろ理由や背景を説明してくれたけれど、要するに本当のところはいったいどうなんだ」と言いたいのでしょう。

具体的な例を見てみましょう。日本の会社では、取締役会や経営会議などに上程される議題にかかわる資料が、何百ページものきわめて大部なものになることがあります。マネジメントが経営上の判断をするために、必要と思われる資料やデータを、欠けることなく

そろえようとしているからです。

それはそれできわめて重要なことです。しかし、限られた時間の間にそれらの資料を最初から最後まで読み込み、経営上の問題点のありかを見きわめ、マネジメントとしてどのような判断とアクションをすべきか思い至ることができるのでしょうか。

もし短時間で読み込んだとしても、何が経営上もっとも重要なのか、何がもっとも問題なのか、何がもっとも緊急を要するのかを見きわめるのは、不可能ではないとしても非常に困難です。

さらに、外資系の日本法人で、日本語がわからない外国人がマネジメントのなかにいる場合、それらの膨大な文書や資料を英訳しなければなりません。そのためのリソースと時間だけでなく、英訳する際の単語や表現に相当注意しないと、外国人マネジメントが内容を間違いなく理解することが困難になります。

取締役会や経営会議などで、毎回毎回このような分厚い資料を外国人マネジメントが読むと、つぎのような疑問を呈する人が出てきます。

すなわちこのような膨大な配布資料をつくるためには、相当な時間と労力すなわち経営資源を必要とする、資料の量が増えれば間違いも生じやすい。マネジメントの審議のために必要な資料を配布したように形式的にはなっているが、もっとメリハリのきいたポイントを絞った資料が用意できないだろうか。

つまり外国人マネジメントは、形式もさることながら、まず実質や実体を知ろうとします。

このような外国人マネジメントの考え方は、一見もっともなように見えます。しかしこれには実は逆の問題もあります。それは、メリハリのきいたポイントを絞った資料をどうやって作成するかです。

資料を作成するのは、一般的に担当のマネジメントや担当の部長の指示を受けた課長や係長、その他一般の社員です。このため、マネジメントが考えるメリハリやポイントと、課長や一般の社員が考えるメリハリやポイントの次元が同じでないと、経営にとって重要な事項が抜けたり、不十分な記述になったりする可能性が出てきます。

つまり、マネジメントの考える重要性と部長や課長、一般社員が考える重要性をどうやってシンクロナイズさせるか、シンクロナイズさせる具体的な方法がないなかで、メリハリやポイントを強調しすぎると、今度は逆のリスクが生じることになります。

この問題を別の視点から見ると、ボトム・アップとトップ・ダウンの違い、取締役と執行役員が同一人であることが多い日本の仕組みと、経営の監視をするディレクター（取締役）と業務を執行するオフィサー（執行役員）が別の人であるアメリカなどの仕組みとの違い、端的に言えば企業のガバナンス構造の違いによるものと解釈することができます。

日本では、その案件が取締役会の議題として上程されるまでに、ボトム・アップの仕組

みで何段階かの審議を経ています。このため、業務を執行している取締役や執行役員のみなさんは、すでに何回か資料を目にし、不明なところは部下から説明を受けて、議題の内容に精通していることが多いのです。

一方、執行役員ではない、つまり取締役として経営を監視する外国人マネジメントの多くは、ボトム・アップの過程で審議に参加することがほとんどないため、分厚い資料に初めて接して、前記のような疑問を感じてしまうのです。

日本式の内部統制すなわち取締役と執行役員の兼任から、アメリカ式の経営と業務執行の完全な分離に至る、内部統制の発展段階での問題と言うこともできます。

ところで最近、政府のいろいろな審議会での審議の様子をテレビで見ることがあります。委員の前の机の上には、おそらく何千ページになると思われる分厚い資料のバインダーが立っています。つまり立てておくことができるくらいの非常に分厚いバインダーです。各委員の先生方はこんな分厚い資料を本当に全部読んだのだろうか、などとテレビを見ていて気になるのは筆者だけでしょうか。

有名な科学雑誌にも、政府のある審議会で、高名な委員が問題点としてある重要な事項を指摘したが、その事項自体は自分の前の机の上にある資料にすでに記載されている、そんなことも知らずに指摘したのではないか、つまり資料を読んでいなかったのではないか、という記事がありました。

形式と実質　決定プロセス

日本の会社が形式を重視するのは、会議の文書や資料だけではありません。何かを決定するプロセスも形式を非常に重要視します。多くの場合、何をどのような会議で決定するか社内規程のなかに詳しく記載されています。

ボトム・アップですから、まず関係する部門の社員や課長クラスが集まって討議し、みなが異議のないことをまず確認します。そして上位のレベルすなわち関係部門の部長の会議に上程します。そこでみなが異議のないことを確認し、最終的には関係役員の会議に上程し、会社または組織としての決定をします。

さらに重要な事項は、執行役員の会議である経営会議や取締役会に上程し、そこで正式に決定します。このプロセスを日本の会社では「機関決定」と呼んでいます。

この結果、関係者全員が同じ理解をしているので、実行段階で支障が生じることは稀です。一般に関係部長の会議や関係役員の会議には事前の説明や根回しがあります。したがって、課長クラスなどのボトムの会議で侃々諤々の議論が行なわれることはあっても、経営会議や取締役会などのアップの会議ではそう頻繁にはありません。

なお一度機関決定したことを後になって修正するためには、課長レベルでの検討から始めて役員レベルの承認まで、再度このプロセスを繰り返さなければなりません。これは簡

単なことではなく時間もかかります。

形式的なことがもう一つあります。それは、ボトム・アップのプロセスを実際に会議を開催して行なうことです。電話会議とかメールでの承認はよほどの事態にでもならない限りありません。

理由の一つは一体感つまり共同体意識の醸成です。みなで検討して決定した、全員に責任がある、後になって四の五の言わない、などを担保するためにこのような一見回りくどい形式を踏む、ということを日本の会社のマネジメントから聞いたことがあります。

もう一つは、会社の規程にしたがって必要とされる人たちがすべて参加し、審議して会社として決定をした、つまり機関決定をした、したがって組織としてしかるべき内部統制が行なわれている、というエビデンスも重要なのです。

会社のなかだけではなく、同業者が集まる業界団体でも同じようなことが行なわれています。すなわち業界団体のメンバー会社の課長クラスの会議、部長クラスの会議、役員レベルの会議がそれぞれ実際に集まって行なわれています。

もちろん実質的な討議や議論があるのは課長クラスの会議だけで、その他の会議では質問さえも稀です。その理由は、課長クラスの会議では、各会社の担当の部長やマネジメントの考えや意見を代表して課長が議論を行ない、最終的にそこで合意すれば、その合意は各社の部長やマネジメントも承知していることになるからです。

ちなみに、このような形式的なことができる理由の一つは、同じ業界に属する日本の会社は、経営方針や営業戦略だけでなく、社内の組織まで会社によらずほとんど同じだからです。

当然のことながら、外国人マネジメントはこのような形式的プロセスをなかなか理解できません。そもそもトップ・ダウンでものごとを決定するので、そういった何段階かの会議はありませんし、いったん決定したことを後になって修正するためには、必要であれば関係するマネジメントが集まって修正を決定します。メールで関係者のコメントを聞き、担当のマネジメントが決定することもあります。したがって時間もかかりません。

もちろん係長や課長を含めみなで検討してみなで決めるのではありません。決定に対してはマネジメントが責任を持ち、部門長以下はマネジメントに必要な情報や資料を提供すると共に決定された事項を実行する部隊です。

このような外資系の決定方式では、担当のマネジメントや一部のマネジメントの独断専行を防げないのではないか、という声が日本の会社で働く人たちから聞こえてきます。

しかし、取締役、執行役員、監査役などの選任でも明らかなように、実質的に社長の権限が非常に強い日本の会社で、前述のような形式的なプロセスで、社長などの独断専行を防げるのでしょうか。独断専行を防ぐには、形式よりも実質を重要視した方が効果的ではないでしょうか。

なおここで指摘しているのは、会社法などの法律上必要なことについて、それを無視して実質さえあればいいと言っているのではありません。また、外資系では社内規程がなくて、マネジメントが勝手気ままに、トップ・ダウンで経営上の意思決定をしているのでもありません。

日本の会社であれ外資系であれ、法令の遵守はもっとも基本的なことです。

形式と実質　会議参加者

日本の会社が形式を優先するのは右記のような場合だけではありません。そもそも会議に参加する部長や課長自身が、最近の人事異動で全く異なる部門から現在の部門に来たばかりで、担当分野について必要とされる専門知識や経験を持っていない場合もあります。

こんな場合でも、その部長や課長は、その分野の責任者として議論に参加し決定に加わります。重要なのは、どの職位の人たちの会議で決定したか、課長レベルで決めたか、部長レベルで決めたかです。

それでは外資系では職位を一切無視して会議を開催し、議論の上決定しているのかというとそうではありません。違うのは、部長の会議や課長の会議には、どんな「新人」であってもタイトルが部長とか課長の人だけが参加できる日本の会社と違い、一定の職位やタイトルの人たちが出席する会議も当然ありますが、多くは経験と専門知識を持っている

人が出席して議論するのが外資系です。融通性があり形式より実質を優先するとも言えます。

なお、外資系では、そもそも全く経験や専門知識のない分野に、部門長として人事異動で移ること自体がきわめて異例です。

日本の会社では、赴任してきたばかりの、いわば素人の部長がメンバーになっている会議で重要な決定をしても、問題が生じないのでしょうか。

そうです、問題は生じないのです。なぜなのか。それは、部長会議の前に課長の会議が行なわれ、問題点はすべて取り上げられ、議論され、課長会として決定しているからです。また課長は会社の上層部の意向を受けて課長の会議に参加するので、実質は部長の会議と同じです。それでも職位ごとに会議を開いて順々に決めていくのです。

たてつけ

みなさんは「たてつけ」という言葉を聞くとどんなことを連想しますか。「たてつけ」は「建て付け」で、もともとは建築用語でした。建て付けが悪いとは、ドアや障子などの家具がうまく取り付けられていないため、がたついたり隙間ができたりしている状態のことです。

ところが、この「たてつけ」をビジネスの世界で、それも建築とはおよそ関係のない金

融業界などに多いようですが、日本の会社の人たちが頻繁に使うようになりました。最近では新型コロナウイルスに関係してテレビなどでも見聞きするようになりました。したがって、その意味するところは家具の取り付けのことではありません。

彼らは、「……というたてつけになっています」といった使い方をします。これは何を意味しているのでしょうか。彼らが言う「たてつけ」の意味は、「……という構造になっている」、「原則……という形式になっている」、「基本的には……というかたちになっている」といった意味です。

このように、ビジネス用語としての「たてつけ」は、建築用語とは意味が全く異なり、広い意味でのコンプライアンスにかかわる言葉です。

そして、ここで「たてつけ」を取り上げたのは、日本の会社においては「たてつけ」を非常に重要視していて、実質が充足されていることがまず重要でそのつぎに形式を重要視する外資系とかなり異なるからです。

これは、外資系の外国人マネジメントにとって理解しにくい現象の一つです。見方を変えると、ビジネスのやり方や組織などの多様性が非常に大きい海外の会社では、同じ業界に属するすべての会社に適用できるような「たてつけ」は、財務報告基準などごく一部を除いてつくりようがないため、外国人マネジメントにはわかりにくいのかもしれません。

日本の会社の考え方の基本は、確かに「たてつけ」は形式的なことかもしれないが、こ

とコンプライアンスにあっては、形式を一つひとつ踏んでゆくことも重要であり、そうすることで内部統制や法令順守に問題がないようにすることができる、というものです。

実質があれば「たてつけ」をあれこれ言うのは経営上でどういう意味があるのか、という外資系的な考え方は、たとえそのリスクが大きくなくても好ましいことではない、と日本の会社の社員や役員は考えています。

これは、見方を変えると、後述するゼロ・トレランスに通じます。さらに別の言い方をすると、全体として問題がなくても、全体を構成する一つひとつの部品も問題がないようにしておくべきだ、という見方になります。

このような「たてつけ」を一つひとつ充足していく経営では、ある意味当たり前ですが生産性は低くなります。逆に内部統制やコンプライアンスに問題が生じることは、そういうやり方が極端に形式に堕しない限り減少します。

時間か中身か

会議をしていても、外資系と日本の会社でかなり違うことがあります。例えば出席者が日本人だけの会議では、予定した終了時間に近くなると、タイムキーパーである会議主催者だけでなく、会議参加者自身が時間を気にし始めます。これは会議参加者の態度に現れるだけでなく、意見や質疑の長さ、内容が前半とはかなり異なり、時間どおりに会議を終

わらせようとする心理が見て取れます。

連続してつぎの会議が行なわれるスケジュールになっている人にとっては、これはある意味当然のことですが、多くの参加者は、議論の内容もさることながら、予定時間どおりに会議を終了させようとしているように見えます。

外資系で特に外国人が多数参加している会議では、会議の予定終了時間が迫っているからといって、意見や質疑が前半と大きく異なることは、ないわけではありませんが比較的稀です。

ですから、会議の主催者が日本人の場合、タイムキーパーはいつもやきもきすることになります。日本人的発想からすれば、彼らは時間にルーズということになりますが、見方を変えれば、日本人は時間を守ることにとらわれすぎているのかもしれません。

例えば先日地下鉄でこんなアナウンスを聞き、一瞬「?」と思いました。「この電車は一分遅れで終点○○駅に到着の予定です。到着時刻が遅れますことを深くお詫びいたします」。

日本の会社の会議や、日本人だけがメンバーで出席している外資系の会議と、中心的なメンバーとして外国人マネジメントが出席し、それに例えば海外にある本社の何人かのスタッフも参加している外資系の会議では、会議に対する考え方がそもそも異なるようです。

外国人マネジメントは、議論をして何ごとかを決めるのが会議であれば、大事なことは議論の中身であり、質問すべきことはしっかり質問する、説明すべきことはしっかり説明

することに傾注します。会議の時間を守るために議論が尽くされない方が問題ではないか、と彼らは考えているのでしょう。

しかし、だからといって時間を無視すると考えるのは必ずしも正しくないようです。要は何がより重要かという認識の問題ではないでしょうか。

稟議書の書き方

どんな会社でも、社内での連絡・要請・通達その他さまざまな用途に合わせて、あらかじめ決められたフォーム（書式）があります。そのなかに、多くの日本の会社で稟議書と呼ばれているフォームがあります。これはその名前のとおり、ある事項について、会議を開催せずに上層部の決裁を得るために、持ち回りで次々に承認をしてもらう際に提出する書類のことです。

そしてここで強調したいのは、日本の会社では、その書きぶりや書き方について、会社としてのいわば「しきたり」があることです。「しきたり」のために何回も何回も上司につき返され、書き直しをさせられた経験を持つ社員も多いと聞きます。

書き直すことで足りないところを補い、中身がより明確になり、よりわかりやすくなるのであればいいのですが、書き直しを命じられた社員自身がなぜそうしなければならないのかよくわからない、きわめてマイナーな修正を命じられるケースも多いようです。

これなども一種の形式の尊重です。外資系が日本の会社と違うのは、フォームに必要事項を記入する際に「しきたり」的なことを気にするのではなく、必要な中身が正確かつ明確に記述されているかです。

形式と実質という観点で見てきましたが、日本語と英語という言語の違いも影響しているのかもしれません。日本語ではちょっとした言い回しによってニュアンスが微妙に変わってくることがあります。微妙なニュアンスを気にする人も結構います。ホモジニアスな社会では、ちょっとした違いが気になる人も多いのでしょう。

英語では、言い回しなどの微妙なニュアンスの違いをそれほど気にしているようには見えません。私たち日本人が書いた英語の書類、つまり英語を母国語とする人ではない人が書いた書類であっても、もちろん中身自体が曖昧だったり重要なポイントが抜けていたりする場合は別ですが、外国人の上司が何回も書き直しを命じたなどとは聞いたことがありません。さまざまな国でたくさんの人が使ってコミュニケーションをしている、英語という言語のためかもしれません。

会議の記録の保存

形式と実質とは少し違いますが、記録の作成も日本の会社、特に大手の金融機関と外資系で大きく違うところです。

言うまでもなく、取締役会を筆頭とする会社としての重要な会議は、日本の会社であると外資系であるとを問わず、その会議の議題や資料と共に議事録を作成し保存します。

しかしここで取り上げるのは、そういった類のいわば上の方の会議の議事録ではなく、課長クラスやもっと下のレベルの社員の会議や打合せの記録やメモ、同業他社との打合せや連絡会などについての記録やメモです。

大手の日本の金融機関に特徴的なようですが、彼らは、私たちから見るとさほど重要には見えない会議や打合せについて、こまめに記録やメモを残し、会社としてのファイルに保存しているようです。そこには、日時、議題、出席者名、議論や意見の概要、結論などがまとめられています。

かなり前のことになりますが、筆者が驚いたのは、相手方である日本の会社の担当者が、数年も前のそれも非常に重要とは思えないある打合せについて、手許のファイルを見ながら、筆者の会社からは誰と誰が出席してどんなことを言い、それに対してその日本の会社は誰が出席してどんなことを言ったか、会議の初めにかいつまんで説明したことです。

こちら側は、そのような記録を会社のファイルに残すことにはなっておらず、したがって出席者の記憶が頼りでした。そこで、打合せが終わった後に、この程度の打合せであっても会社として記録を残すことになっているのか聞いたところ、日本の同業他社では、ほとんどが同じような記録を会社として残しているようでした。

形式と実質から考えると、ちょっとした打合せ程度の会議についても逐一記録を取り、それファイルしておくことは非常に形式的で、実質的な意味合いは少ないように見えます。極端に言えば時間のムダのように見えます。

しかし、数年も経たずして人事異動で担当者が変わる、定期的な人事ローテーションが一般的な日本の会社では、記録の保存は知的財産の継承という意味でも非常に重要なことです。

外資系では、数年で担当者が異動になり全く新しい人が担当になることは比較的稀なので、日本の会社のように逐一記録を残す必要性は少ないかもしれません。しかし、日本の会社と異なり、担当者自身が会社を辞めてしまい、新しく入社した人が担当するようなこともときには生じます。

こんなとき、会社としてのファイルに過去の打合せの記録やメモが残っていなければ、一般的な知的財産の継承の問題だけでなく、競争相手との戦略上でのマイナス面がありそうです。

ところで、このところ日本政府のさまざまな議事録が話題になっています。そもそも議事録を作成していない、どんな議論がされたのかわからないごく短くまとめた〝議事録〟、果ては議事録を改ざんする、などなど。

この本の後の方に出てきますが、人々が自分たちの生命や安全、権利や財産を守るため

に政府をつくった国と、昔から〝お上〟が上にあり、お上の言うことにしたがってきた日本人では、そもそも人々にとって議事録とはどういうことを意味するのか、議事録はなぜ重要なのかなどについて、考え方が全く違うのです。

まとめ

この章の要点はつぎのとおりです。

†たてまえと本音は日本の社会に特有と言われますが、本当はそうではなく、日本人と外国人のコミュニケーションに問題があったのです。

†日本の会社では、取締役会で議論する前に、課長や部長、担当の執行役員といった段階ごとに議題を審議しています。さらに取締役と執行役員を兼任している人も多く、彼らは内容をよく知っています。

†外国人マネジメントは、取締役会で初めて膨大な資料に接し、もっとメリハリのあるものを用意できないかと言いますが、これは難しい問題です。日本式ガバナンスとアメリカ式ガバナンスの違いです。

†何ごとかを決定するプロセスは、日本の会社では段階ごとに実際に会議を開いて決定します。一般に上層の会議での議論は多くありません。それは課長クラス以下の会議でほとんど議論を尽くしているからです。業界団体の会議も同じ

です。会社によらず組織が似ていることも理由の一つでしょう。

†日本の会社では、会議の参加者も形式を重要視します。例えば部長の会議は、人事異動で最近赴任したばかりの、いわばその分野の素人の部長も出席して決定に参加するようです。外資系では分野外からの人事異動は稀です。

†日本の会社では、基本的な考え方や形式、すなわちたてつけを重視し、充足しているか一つひとつチェックします。外資系ではまず実質が満たされているかチェックします。しかし、形式的であっても、たてつけはコンプライアンスなどには重要です。

†日本の会社では、時間どおりに会議を終えることに気を使いますが、外国人は議論の中身を重要視します。それは、会議は議論をして何ごとかを決定するところと考えているからです。

†日本の会社にある稟議書も形式やしきたりを重んじることがあるようです。外資系では、必要なポイントが明確に記載されていればそれで充分です。

†日本の会社では、他社とのちょっとした会議でも議事録を残すようです。定期的な人事異動に備えた知的財産の継承のためでしょう。外資系ではそういったことがあまりなく、経営上のマイナスになるかもしれません。

8

日米のマネジメントの違い

日米のシニア・マネジメントの違い

日本では、一般的に社長や役員の任期は2年で、何期か勤めると退任し、その後に会長や顧問などとして同じ会社に残ることもあれば、系列会社や子会社の社長や役員になることもあります。系列を離れて、全く別の会社の社長や役員になることはきわめて稀です。外国人のマネジメントがこれを見ると、なぜそのような一種の機械的かつ定期的な順送りの仕組みになっているのか理解しがたいようです。

このような機械的順送り体制が続いているもっとも大きな理由は、マネジメントも含めた日本的な純粋培養の仕組みができあがっていること、および役員や役員経験者にかかわる人材リクルートの仕組みが日本では欧米のように発達していないことです。このため、ある会社の役員を退任すると、全く別の会社へ就職するケースは非常に少ないのです。

さらにトップ・マネジメントはどこを見て仕事をするか、その見る相手が外資系、特にその本社のトップ・マネジメントと違うことも理由の一つかもしれません。日本の会社も外資系も、トップ・マネジメントはステークホルダーつまり利害関係者すべてを視野にして仕事をします。しかし、日本の会社と外資系では重要性の置き方が少し異なるようです。

例えば株主に対するリターンは日本の会社にとっては重要事項の一つですが、外資系、特にその親会社のトップ・マネジメントにとっては、株主に対するリターンは非常に重要

な事項です。その理由は、株主によって選任され株主の利益を代表する、ディレクター（Director、取締役）と呼ばれる人たちで構成する取締役会（Board of Directors、略称ボード）があり、株主は、取締役会を通じて、会社の一般にオフィサー（Officer、日本語にすると執行役員）と呼ばれている、CEO（Chief Executive Officer、チーフ・エグゼキュティブ・オフィサー、最高経営責任者）や他のトップ・マネジメントを選任（解任）したり、その他経営の監視をしたりしているからです。

したがって、業績が好調な場合には、任期にとらわれて有能なトップ・マネジメントを更迭する必要はさらさらなく、また業績が思わしくない場合には、任期の途中であっても解任することがあるのです。また、そもそも任期に対する考え方が日本ほど強くないようです。

日本では、株主を代表する取締役（ディレクター）と会社の経営をする執行役員（オフィサー）の概念が海外と必ずしも同じではなく、また双方を兼任していることもしばしばです。すなわちディレクターがオフィサーでもある、換言すれば株主の代表と会社の経営者が同じ人ですから、よほどのことがない限り任期の途中で株主によって解任されることはなく、普通は一定の期間勤めあげて退任することになります。

不祥事や不正行為で責任を取る際も、「解任」ではなく「辞任」するのが普通です。社長の在任期間の統計をとると、日本の会社の社長の在任期間はアメリカの会社に比べて数倍

長いようです。ディレクターがオフィサーでもある日本の会社では当然の結果でしょう。

日本とアメリカのマネジメントの違いについて、つぎのような指摘があります。

> 一般に日本の経営者は会社との一体性が非常に強く、多くの場合会社に長く勤めた人がトップになる。日本には経営トップの横のマーケットがない。トップを退くと同じ会社またはグループ会社の会長や役員などになり、全く別の会社のトップになることはほとんどない。一方アメリカでは、ある会社の社長を辞めて全く別の会社のトップになることはよくあることである。
>
> 別の見方をすると、日本の経営者は自分と会社をいわば一体として考え、会社を守ることをまず考える。新聞などで見ることがあるが、経営陣と異なる意見を持つ株主は、株主であっても経営に対する社外の脅威であると日本の会社の経営陣は考える。一方アメリカのトップは、日本と比べて会社との一体性は非常に薄く、会社が買収されて経営者の地位を失わないよう、彼らは自分をまず守ろうとする。

またつぎのような指摘もあります。

> ガバナンスの違いを見ると、アメリカでは指名委員会や報酬委員会は社外取締役が中心になっている。日本の取締役会議長は通常は社長だが、アメリカでは多くの場合社外の非業務執行取締役が議長になっている。日本は社長が次期の社長を指名するが、アメリカでは社外取締役が次期の社長（ＣＥＯ）を指名する。

日本では取締役会のメンバーは社長の元部下でほとんど社内取締役になっている。監査役の多くも社長の元部下で、いわば取締役の任期を終えた人が監査役になっている。日本では業務を執行するマネジメント（執行役員）と業務の執行を監視する人すなわち取締役がしばしば同一人であり、さらに監査役はいわば同僚なので、ガバナンスが機能しにくいと言える。

このような指摘に対しては、近年の会社法の改正や社外取締役の増加などさまざまな反論や議論があるでしょうが、それでも現状における彼我の差はいまだにかなり大きいと言えます。

例えば、ノン・エグゼキュティブ・ディレクター（Non-executive Director、社外取締役・非業務執行取締役）が取締役会の議長をしている日本の会社はきわめて少数で例外的なケースでしょう。

また、新聞のコラム記事を見ていると、役員の一人がある日突然社長に呼ばれ、君がつぎの社長だと告げられることがありますが、これは日本ではよくあることのようです。

顧問とシニア・アドバイザー

日本の会社では、社長を何年か勤めた後に会長になり、さらに何年かすると代表権のない取締役となり、その後に顧問や相談役というタイトルで会社に残り続けることをしばし

ば見ます。

必ずしもこのような典型的なかたちではなくても、社長や副社長などのトップ・マネジメントを退任した後、顧問や相談役などといったタイトルで、かなり長い間会社に残り続けるケースもあります。

そういった人たちのなかには、現在のマネジメントに影響をおよぼす人もいるようですが、実務にはかかわらない人もいると聞きます。にもかかわらず、そういったときおり出社する人たちにも、オフィスや秘書を手配し、行き帰りの車も用意している会社もあると聞きました。

また、昔の社長たちにそういった出社をやめてもらうには、その人を社長にした一代前の社長にその旨本人に言ってもらうしかない、今の社長からは先輩にそんなことを伝えることはできない、と聞いたことがあります。外資系から見るとにわかには信じがたいことですが、広い世のなかにはそういう会社もあることでしょう。

現役の会長や社長、その他会社の上層部の人たちにとっては、一般に顧問や相談役は会社の先輩にあたります。そして年功序列の会社においては、現在の経営陣をその地位に引き上げた、先輩役員たちが彼らに一定の影響力を持つことは当然で、それを否定すること自体無理があります。

しかし最近ようやく日本においても、顧問や相談役の役割を見直すべきではないか、役

割が不透明ではないかという声が聞かれるようになってきました。なぜそんな声が出てきたのでしょうか。

理由の一つは、株主やその他外部の人たちには知ることのできない先輩たちの意見や示唆で、現在のマネジメントが適切で合理的とは言えない経営判断をしている可能性があるからです。この問題は今後どのように展開するのでしょうか。いずれにしろ、日本の会社の相談役や顧問はきわめて日本的な現象です。

外資系にも、顧問やシニア・アドバイザーといったタイトルの人たちがいることがあります。日本の会社と同じように、社長などトップ・マネジメントの経験者もいます。

しかし日本の会社と大きく違うところがあります。それは、経営判断に対する影響力です。外資系における顧問やシニア・アドバイザーの役割は、過去の経験や専門知識、ビジネス上の関係などを活用して、マネジメントの諮問に答えることです。

マネジメントは、彼らの意見や考えなどを一つの参考とはしますが、他のマネジメントや関係者の意見や見方、情報を総合して、自分自身としての経営判断をします。

さらに、外資系では中間管理職やマネジメントを外部から採用することがあるので、顧問やシニア・アドバイザーがそもそも現在のマネジメントの先輩ではないことも多く、このため日本の会社とは異なり、顧問やシニア・アドバイザーが影響力を持たないのです。

アポイントメント（選任）の仕方が違うことも理由の一つです。日本の会社では、社長

が選任について強い力を持っていますが、外資系では、一般に外国人のシニア・マネジメントが一定の影響力を持っています。

もう一つ日本の会社と違うのは、顧問やシニア・アドバイザーになった時点で、彼らは会社の経営判断には加わらないことを本人も含め会社の誰もが認識していることです。経営判断をするのは現在の経営陣であり、その経営陣がよりよい経営判断をするために、諮問したり情報提供を求めたりするのが顧問やシニア・アドバイザー、という明確な役割分担です。

取締役と業務を執行するオフィサーが異なることもその理由です。顧問やシニア・アドバイザーの表には出ない示唆で、取締役に対して合理的な説明ができない経営判断をオフィサーがすれば、それは業務を執行するマネジメントとして自分の将来を危うくする行為です。

日本人のトップ

日本人がＣＥＯ、つまり日本における経営のトップになっている外資系もたくさんあります。ＣＥＯですから当然経営をリードし、経営戦略を決めていると多くの人は思っています。実際にそうなっている外資系も多いでしょうが、外資系だからこそ必ずしもそうなってはいないケースも出てきます。これはある意味外資系に必然の結果です。

おわかりのとおり、その日本人ＣＥＯは日本におけるオペレーションについて責任を持つ人です。株主によって選任され、全世界のオペレーションに責任を持つＣＥＯではないのです。

もっと簡単に例えて言えば、その人は「日本ブランチ」のＣＥＯです。したがって、ある許された範囲のなかでの権限と責任であり、海外にある本社のＣＥＯが決定した経営方針と全く異なることをすることはできません。それが外資系のＣＥＯとしての制約です。

これは外国に進出している日系の外資系企業も同じことです。現地のＣＥＯはいわば「支店長」です。日本の本社のＣＥＯが決めた方針のなかで、いかに成果を上げるかが問われていて、本社の方針に反するような経営戦略は許されません。

「日本ブランチ」のトップにとってもう一つの制約は、すべての外資系がそうなっているわけではありませんが、後の方で述べるサイロ組織です。サイロ組織が強い会社の場合、そのサイロの日本におけるトップが日本のＣＥＯの計画や戦略に強硬に反対することで、日本におけるＣＥＯのリーダーシップに実質上制限や制約が加わる場合があり得ます。

外資系の権力構造

権力構造などと書くといかにも大げさですが、要は誰が権力を握っているかです。結論を先に述べると、外資系も日本の会社もさしたる違いはないようです。

いわゆる「ワンマン」ＣＥＯの外資系もあれば、マネジメントの考えや意見を聞きながら決めていく調整型のＣＥＯもいます。外国人ＣＥＯだからといって必ずしも「ワンマン」とは限りません。ＣＥＯは外国人でも、実際は日本人マネジメントが会社を主導している場合もあります。

どんなタイプの会社になるかは、海外にある本社のマネジメントの経営方針や、現地の会社のＣＥＯの考え方、日本人マネジメントの考えなどにより違います。外資系だから外国人が権力を持っているといちがいに見なすことはできません。

ある外資系に入社して、それもマネジメントとして入社して実際の経営に参加した場合や、または過去に何回もその外資系のＣＥＯやマネジメントの何人かと接することでおよそのことを推察できる場合などを除き、外部からその会社の権力構造がどのようになっているかを知ることはほとんど不可能です。

権力構造はキャリア・アップでその会社に転職しようとしている人、それもマネジメントとして就職しようとする人にはかなり気になることですが、入社前に実情を知ることはきわめて困難です。

またこれは日本の会社であっても全く同じことでしょう。ただ外資系が日本の会社と異なるのは、海外の本社が基本となる経営方針を決めることです。

決定に時間がかかるトップ・ダウン

トップ・ダウンなのに決定に時間がかかる、と言うと多くのみなさんは不思議に思うのではないでしょうか。ボトム・アップで何段階かの検討を重ね、最後に会社としての機関決定をする日本の会社だからこそ時間がかかるのであって、トップが決定してしまう方式では、会社としての決定が迅速に行なわれると思うのも当然です。

ところが現実には、トップ・ダウンだからといって必ずしも短時間でものごとが決まるとは限らないのです。その大きな理由が、課や部などの集団としてではなく、部長や課長など個人として仕事をして責任を持つ仕組みと、後述の小分けにされた部門なのです。

どんなビジネスであっても、一般にたった一つの部門だけにかかわる仕事、自己完結的な仕事はほとんどありません。全体として大きな仕事の流れのなかの一部分を担当しているのがそれぞれの部門です。さて例えば経済環境の変化、関係する法令の改定などにともない、作業の機械化など仕事の流れを変更していっそうの効率化を図ることを考えるとします。

外資系では、例えば会社全体にかかわる重要なことであればＣＥＯが、営業などある特定の分野にかかわることであればその分野を担当するオフィサーが、トップ・ダウンで経営的観点から会社としてどうするかを決定してしまうように一般には思われています。

しかし、関係する部門の部長やオフィサーから意見やコメントを聞き、それらを総合し

て上層部が決定するのがトップ・ダウンで、ＣＥＯや少数のオフィサーが、関係する部門の意見などを聞かずに、一方的に決定してしまうことではありません。当然ですがマネジメントはオールマイティーではありません。

また、外資系では部門が小分けにされて、各々の部門が担当する仕事の範囲が明確に定義されています。ということは、検討にかかわる部門の数は日本の会社に比べてかなり多くなります。そして部門の数が増えれば増えるだけ異なる意見や主張が多くなり、結論に至るまでに時間がかかります。

換言すると、日本の会社では、関係する課長クラスの会議で会社としての結論の原案ができてしまう、つまりボトム・アップなのに対し、外資系では、上層部が関係する部門から意見やコメントを聞いて、上層部が会社としての結論を出す、つまりトップ・ダウンで決めるのです。ですから、会社としての決定がいつも迅速になされるわけではないのです。

まとめ

この章の要点はつぎのとおりです。

†日本の会社のトップは定期的に代わります。しかしグループ外の会社のマネジメントになることはほとんどありません。アメリカの会社では、ＣＥＯの定期異動という考えはありません。辞めてからグループ外の会社のＣＥＯやシニア・

マネジメントになることもあります。

†日本は株主の代表である取締役が会社の執行機関である執行役員を兼任することが多く、アメリカでは取締役は社外の人がほとんどで、執行機関（オフィサー）は社内の人です。

†日本の会社では、社長や副社長などを退くと、顧問や相談役として会社に残ることがあります。今の経営陣にとっては、自分たちを引き上げてくれた人たちであり、その意向をなかなか無視できないところです。外資系にも顧問やシニア・アドバイザーがいますが、彼らの役割は経験や知識を現マネジメントに伝えることであり、経営判断に立ち入ることはありません。

†日本人が日本における外資系のトップになることもありますが、一定の制約があります。それは日本ブランチのトップだからです。海外に進出した日系の外資系のトップも同じことです。

†外資系はすべて外国人が権力を握っている、ということではありません。トップが日本人のこともあります。権力構造を外部からうかがい知ることは困難です。

†外資系はトップ・ダウンだから決定は迅速、とは限りません。部門が細かく分かれ、それぞれ職務が定義されていると、担当するマネジメントや部門長の理解を得るために長い時間がかかることがあるからです。

9

神輿に乗るマネジメント、自分の足で立つマネジメント

部下がお膳立てをする

日本の会社では、社長以下マネジメントのみなさんは「神輿に乗っている人」と言われることがあります。これはどういうことでしょうか。

日本の会社では、新卒で入社し、ヒラ社員から係長、課長、部長、執行役員、取締役、常務、専務、副社長、社長といったレールに沿って昇進していきます。その過程で日本的なやり方、つまり部下が上司のためにお膳立てをし、上司はそのお膳立てに沿って行動するやり方が身につきます。この傾向は上の方になればなるほど顕著になり、神輿の一番上に乗っている人が社長です。

会社だけでなくさまざまな組織において、いわゆる功成り名を遂げた人をトップに据えることが日本ではよくあります。そのような人たちは一般に「重し」と呼ばれていますが、これこそ典型的な神輿に乗っている人です。

社外の会議などに社長が出席する場合を考えてみましょう。日本の会社の場合、経営企画部門や社長室が社長が発言する際の概要やスクリプトをつくり、社長は概要に沿って発言したりスクリプトを読んだりすることがあります。

ですから、自由討議になって他の出席者が質問をしたり意見を求めたりしても、そういった準備がない項目は、当たり障りのない抽象的な回答をせざるを得ない社長がいても

不思議ではありません。あらゆることについて部下がすべてお膳立てするわけではありませんが、外資系と比べるとやはり相当な違いを感じます。

その理由は、外資系では、基本的な方針や戦略を考え、組織として決定するのはトップ・マネジメントの仕事そのものであり、そのマネジメントの指示や命令にしたがって行動するのが中間管理職や一般の社員だからです。外資系では、部長や課長の進言に沿って行動するのがマネジメントではないのです。

ところで最近全く別のことで、日本とアメリカのリーダーの違いを見ることがあります。新型コロナウイルスについて、日本では官僚が書いた内容をプロンプターで映して読んだり、手許のメモを読んだりする首相や大臣の映像をしばしば目にします。しかし、例えばニューヨーク州知事のテレビ映像を見ると、自分の言葉で人々に向かって話しかけています。

どちらが説得力があるか言うまでもありません。多様な人々が集まる社会では、自分の考えを自分の言葉で話さないと聞いてくれないのです。

会社の将来を考える部門

別の例を見てみましょう。多くの日本の企業には、「経営企画部」といった名称の企画部門があります。部長を始めとして課長やその他のメンバーは、みな将来を嘱望されている

優秀な社員です。どうしてなのでしょうか。

それは、経営企画部が会社の経営戦略や経営方針の原案をつくり、社長を含むマネジメントに説明し、その後取締役会などで審議し、会社の戦略として正式に採用することになるからです。

つまり会社の将来や経営計画を考えると共に、金融機関など許認可の必要な業種にあっては、監督官庁とのリエゾンを担当する部署が企画部門なのです。ですから、過去に経営企画部長の職務を経験したことのある社長がかなりいるのも不思議なことではありません。

一方外資系で経営企画部などの企画部門を持っているのは少数派でしょう。外資系の海外にある本社では、日本の会社にあるような経営企画部門など聞いたことがありません。実は筆者も中間管理職だったときに、シニア・マネジメントに対し、経営企画部門を持つべきだと進言したことがありました。

そのときの外国人シニア・マネジメントの返事は、それこそマネジメントの職務そのものだ、というものでした。こうして、外資系のマネジメントは、マネジメントみずから会社の経営戦略や経営方針を考えなくてはならないのです。

このため、彼らは神輿に乗っているのではなく、自分の足でしっかり立っている、また立たざるを得ない状況にあります。

事前のセットアップ

お膳立てはいろいろな分野におよびます。例えば、マネジメントの誰かが地方の支店などを訪問する場合を考えてみましょう。

日本の会社では、出張するマネジメント自身が会議の時間枠、例えば誰との会議や何に関する会議にどのくらいの時間を使うか、出席者は誰にするかなどについて直接部下に細かく指示し、部下はそれにしたがってセッティングをすることはほとんどないようです。

逆に部下はマネジメントの意向を忖度して、支店での会議の時間設定、それぞれの会議の出席者の手配など、必要なすべての手配をして結果をマネジメントに報告し、特段の修正指示がなければそれで決定です。

セットアップのなかには、資料の作成から誰が何をどう言うかといったことまで、あらかじめ決めることもあると聞きます。マネジメントの方もそれを知っています。というのは、自分も過去に同じようなセッティングをしているからです。

さて件のマネジメントは時間どおり支店に到着し、第一番目の会議に入り、出席者と意見交換などをしています。予定したスケジュールどおりにこの会議が終了すれば問題はありません。日本の会社の場合はタイムキーパー役の社員がいて、そろそろ時間ですといったシグナルを送り、あらかじめ設定した時間どおりに会議が終了することが多いようです。

その後の会議も同じように時間どおりに進行します。さらに、会議が終わった後のマネ

ジメントとのディナーの時間、場所やメニュー、果てはディナーの席で誰が何を言うかまであらかじめ決めてあることさえあると聞いたことがあります。

外資系ではどうでしょうか。まず会議の設定ですが、よく見るのはマネジメント自身が会議に必要な時間、出席者などを部下に指示し、部下はその指示にしたがって会議のスケジュールを作成し、出席者の手配をするケースです。

最初の会議が始まりました。予定どおりに終了するでしょうか、部下は気が気ではありません。それもそのはずです。そのマネジメントが外国人だった場合、時間どおりに会議が終わらないことがかなりあると言ってもあながち間違いではないでしょう。すべての会議が終わってみると、当初作成したスケジュールはかなり変わっていて、あらかじめ日本人だけで打合せた内容や誰が何を言うかなどは、事前の打合せどおりにいかないことがかなりあります。

日本の会社で非常に重要なことの一つは、ものごとを筋書きどおりに運ぶことです。筋書きになかったことや突発的なことは、一般社員だけでなく部長クラスの人たちにとってもできる限り避けたいことなのです。

外資系であっても、日本における本部（本社）のスタッフ、それもマネジメントに近い部署のスタッフならばともかく、支店にいる社員のマインドセットは日本の会社の社員とほとんど変わりません。彼らは、あらゆることが事前にセットされ、そのスケジュールに

したがってマネジメントは動いてくれるものと思っています。

しかし外資系のマネジメント、特に外国人の考えはかなり違います。彼らは、会議を主催するのはマネジメントであり、何に時間を使い何を省略するかはマネジメント自身が決める、会議のなかで重要なことが出てくれば、あらかじめセットされた時間割を守るために途中で打ち切るようなことはせず、その問題について議論しようとします。

ですから、スケジュールを守ることもさることながら、会議の中身をより重視します。部下のセッティングに沿って動くのが日本の会社のマネジメントであり、セッティングは自分がする、スケジュールの変更も必要であれば当然行なう、それも自分が決める、と考えているのが外国人マネジメントです。この結果、日本人から見ると、外国人は一般に時間にルーズ、ということになってしまうのです。

なお、外国人マネジメントでも、日本へ赴任した当初は自分から細かく指示をしていても、何年かするうちに、部下の作成したスケジュールや内容に沿って行動する人も出てきます。「郷に入っては郷にしたがえ、When you are in Japan, do as the Japanese do」になったのかもしれません。

社内の実情をどうやってつかむか

外資系の外国人マネジメントにとって、社内の実情をいかに正確に早く把握するか、こ

れは簡単なことではありません。日本の会社を買収した場合、これは特に難しいことです。外国人の場合は言語もバリアーの一つになります。言語以上に問題なのが、前述のようなあらゆることの事前のセットアップです。

　マネジメントに対して、社員一人ひとりが自由に思うことや感じることを述べ自分の意見を言うには、社員はほとんどが日本人ですから外資系であっても限界があります。限界があることを承知のうえで臨むのであればいいのですが、外国人マネジメントにそれを期待するのは無理です。

　反対に、何人かの社員が意見や考えをわかりやすくマネジメントに対して述べると、実は裏で事前の打合せがあって、各自の発言内容や範囲をあらかじめ調整したことは表に出ないので、聞いた方はそれがすべてだと思ってしまいます。さらに、説明用のプレゼン資料が見ばえよくできていると、ますます信じるようになります。

　ところが実際は都合の悪いことや真の原因には触れずに、本音ではなく表面的、形式的なことを言って終わらせてしまうことがあるのです。

　なお、社員はマネジメントに嘘を言っているのではありません。そうではなく、マネジメントがものごとの一面や一部の人や社員の考えを、あたかもあらゆる側面や大方の人の意見として受け取ってしまう危険がある、ということを指しているのです。ですから、これは日本人マネジメントよりも外国人マネジメントが抱える危険性です。

最前線のことを知っているローカル・マネジメント

自分の足で立たなければならない外資系のマネジメントは、当然のことながら多くのことに精通していなければなりません。精通していなければ戦略や目標もつくれないでしょうし、つくったとしてもとんでもないものになる可能性があります。

また、海外にある本社のマネジメントに対しては、業績の報告や戦略の説明は自分自身で行なわなければなりません。日本人の部下と一緒に本社へ出張し、細かいことは部下から説明させるなどといったことをすると、自分のマネジメント能力を本社から疑われてしまうでしょう。

日本におけるマネジメントだけでなく、本社のマネジメント自身も同じです。彼らは、ＣＥＯに対して自分自身で報告し説明をします。そのためには、会社でどのようなことが行なわれているか、結果はどうか、その理由は何か、課題は何か、社会経済環境はどのように変化しているか、顧客満足度は上がっているか、競争相手はどのような戦略を持っているかなど、細かく知っていないとならないのです。

日本の会社では、部下がお膳立てをしていることを周囲のみなが知っています。いわばイントロをマネジメントが行ない、詳しくは部下から、ということで担当の部長なり課長が詳細を説明します。

つまり日本の会社のマネジメントは大枠を心得ていればいいのであって、詳しいことにいちいち首を突っ込む必要はないし、部下から見ればマネジメントに細かいことに口をはさんで欲しくないのです。

かつて部長や課長だった現在のマネジメントも、過去に同じような経験をしています。このような状況は最近かなり変わってきているとする人もいますが、それでもまだ相当な違いがあるようです。企業の風土や社員のマインドセットを変えるには、かなり長い時間がかかります。

最前線のことを知らない本社のシニア・マネジメント

前述のように、外資系のマネジメントはみずからが最前線のことに精通していなければなりません。海外にある本社の最上層部すなわちシニア・マネジメントも、ローカル・マネジメントにそうすることを求めているからでしょう。それではそのシニア・マネジメントのみなさん自身はどうでしょうか。

本社のシニア・マネジメントには、会社により大きく分けて二つのタイプがあります。

一つは、年に一回か二回、本人がいくつかの国や地域を訪問するケースです。世界の各地でビジネスをしているグローバル企業の場合、年に一回か二回と言っても訪れる拠点はかなりの数になり、一回のビジネス・トリップで地域ごとにいくつかの拠点を回るとして

も、シニア・マネジメント本人にとってはかなりの時間的負担になります。

しかし、それでもＣＥＯを始めシニア・マネジメントの何人かは、かなりの頻度で海外の拠点を訪問します。そして、現地のマネジメントや管理職と会って、その地域の現状、課題、計画などを聞いたり、本社の方針や戦略などを説明したりします。タウン・ホール・ミーティング（Town Hall Meeting）などと言って、中間管理職や社員を一堂に集め、プレゼンテーションやＱ＆Ａ（クエスチョン・アンド・アンサー、質疑応答）のセッション（Session、会議・集会）を持つこともあります。

さらに彼らは、大口の顧客や見込客、販売店や代理店、監督官庁、関連企業、同業他社などを訪問して意見交換をしたりします。こうすることで、本社のシニア・マネジメント自身が現場の状況を直接把握し、今後の経営戦略や経営計画に役立てることができます。

現地のマネジメントから見ると、本社のシニア・マネジメントに現状を正しく把握してもらうことは、経営計画を達成するうえできわめて重要なことです。しかし逆に若干困ったことも出てきます。というのは、ＣＥＯなどの本社のシニア・マネジメント自身が実情を直接把握しているので、生半可な考えや意見はとおりません。説得力のある戦略や計画でないと、すぐに厳しく反論されてしまいます。

しかし右記のような本社のＣＥＯやシニア・マネジメントは、どちらかというと少数派のようです。

第二のタイプは、それぞれの国や地域のトップが本社にたびたび出張することはあっても、本社のＣＥＯなどが現場に来ることはあまり多くないケースです。もちろん日本におけるビジネスの規模が小さい場合には、本社の上層部がそう頻繁に訪れることがないのは当然です。しかしおしなべて見ると、こういったグローバル企業はかなりあるようです。

どちらがいいのかは、ビジネスの内容、その国や地域の状況、経営戦略、本社のＣＥＯやシニア・マネジメントの考えなどによって違うので、いちがいに決めることはできません。

ただ最上層部が現場をあまり訪れないことによる問題も指摘することができます。例えば、ビジネスの現場について、自分が直接見聞きしていないにもかかわらず、報告を受けただけですべてを知っているかのような気分になり、それにもとづいて経営戦略を決めてしまうリスクです。

欧米のグローバル企業の場合、ＣＥＯやシニア・マネジメントが別の業種のマネジメント経験はあるものの、当該ビジネスの経験がないケースがあり、そういう会社ではリスクはさらに高まります。

エスカレーション

外資系のマネジメントが使う言葉にエスカレーション（Escalation）があります。何か通

常とは違うこと、予定していないこと、想定外のことが生じたり、生じそうになっていることに気がついた場合、マネジメントにそのことを即刻直接知らせてください、という意味です。

ここで重要なことは、マネジメントに連絡する前に会社に対する影響度合いをまず予測し、影響が大きいと思われる場合に限り連絡する、ではないことです。換言すれば、会社に対する影響が大きいかどうかはマネジメントが考える、そのため影響があるかもしれないことをマネジメントは直ちに知り、必要であれば対策を実施してダメージを最小限にする。それがマネジメントの責任であり職務である、という考え方です。

自分の足で立たざるを得ない外資系のマネジメントは、こうやって異変を即刻察知して必要な手を打たなければならないのです。

日本の会社はどうでしょうか。何か通常とは違うこと、予定していないこと、想定外のことが生じたり、生じそうになっていることに気がついた場合、経営陣にそのことを即刻直接知らせよ、などと部下に繰り返し指示している経営者は、もしいたとしてもきわめて少数でしょう。

そもそもまず経営企画部や社長室が、社長まで上がっていく情報を事前にスクリーンして、彼らが社長に必要と考えた情報だけが上がっていく仕組みになっていると聞きました。

事前の根回しや説明、ブリーフィングなどをしていないことを、社長が初めて直接知る

ようなことがもし生じれば、それは経営企画部や社長室がするべき仕事をしていないと見られてしまうことがあるようです。

多くの場合、このようなやり方で重大な問題は生じないのですが、ときどき見るのが「裸の社長」すなわち完全に神輿に乗っている社長です。

想定外の事象が生じて会社に大きな損害を与えそうな場合や、悪くすると会社自体の存続にかかわるようなクリティカルな状況にもかかわらず、最先端の現場で何が起きているのか具体的に社長に知らされていなかったため、マスコミなどに徹底的に糾弾された事例が少なからずありました。

外資系のやり方と日本の会社のやり方のよいところを採用すれば、すばらしい会社ができあがるのでしょうが、倒産などの事態にならない限り、大きな組織は一朝一夕には変わらないことを誰もが知っています。新入社員から経営のトップまで、純粋培養された人たちだけで成り立っている日本の会社は、特にその傾向が強いのです。

プレーイング・マネージャー

リストラという言葉が世のなかで聞かれるようになり、管理職と呼ばれるたくさんの部長や課長が転職先を探さなければならなくなった時代がありました。その最初のころに揶揄的に取り上げられたことの一つに、職探しのなかで「あなたは何ができますか」という

質問に対して、「私は部長ができます」と答えたという、今考えるともし本当であれば信じられないような現象がありました。

そのころの管理職は、例えば営業であれば、部下を指揮して部や課としての年間の販売目標を達成させることが主たる職務であり、みずからも第一線に出て汗をかいて部下と一緒に仕事をする職務ではなかったのです。

そんななかでいつしかプレーイング・マネージャーという言葉をよく聞くようになりました。今や日本の会社でも外資系でも、プレーイング・マネージャーはごく普通になったようです。

さて日本の会社と外資系で少し違うところがあります。その一つは、外資系では部長や課長クラスだけでなく、執行役員などのオフィサーになっても、自分自身が第一線に出て顧客やその他ビジネス上の関係者との折衝などに携わっていることです。外資系ではマネジメントもプレーイング・マネジメントなのです。

もう一つちょっとした違いがあります。それは、オフィサー本人が電話やメールで相手先に直接連絡して用件を協議している姿です。例えば、オフィサー本人が自分でサクサクと英文のメールを書いて社外の相手に送り、その相手の人もそのメールに対して自分でメールを書いて返事をする、といった状況です。日常のビジネスで自分でメールができないマネジメントは外資系ではあまりいないでしょう。少々飛躍しますが、パソコンに触っ

たこともない人がサイバーセキュリティ担当大臣になる日本との違いかもしれません。

さらに、そもそもオフィサーになったからといって、必ずしも秘書が一人つくとは限りません。数人のオフィサーで一人の秘書を使っていることもありますし、逆にＣＥＯなどトップ・マネジメントになると、一人ではなく複数の秘書がついていることもあります。

秘書という職も変化しています。いわゆる秘書ではなく、ＣＥＯの職務を補佐する専門的な経験と知識を持った人を、例えばチーフ・オブ・スタッフ（Chief of Staff）、日本の会社で言えば社長室長、アメリカのホワイト・ハウスで言えば主席補佐官など、という名称のもとに、専門的なアシスタントとして使っていることもあります。

気さくで陽気なマネジメント

外資系の外国人マネジメントは、わりに気さくにいろいろな人に話しかけます。そのなかには、社員だけでなく関連会社の社員や外部の関係者もいます。かりにそういった人のなかに英語が堪能な人がいると、例えばパーティーなどの席で話し相手がいないで手持ち無沙汰にしている場合などは特にそうですが、かなり長い間その人と話すことがあります。

英語を話すその日本人が言ったことが一般論として妥当な場合はいいのですが、そうではなくかなり偏った見方や事実誤認をしている場合、外国人マネジメントは、そうとは知らずにその人が言ったことをそのまま信じてしまうことがあります。

例えば、ごく一部の関係者や顧客の要望が、あたかも大多数の人の要望でもあるかのような誤解です。その人が英語に堪能で、言い方がロジカルであればあるほど、深く信じてしまいます。

日本人のマネジメントが後でその外国人マネジメントの考え方を変えようと説得したけれど、なかなか理解しくれなくて困った、ということになります。

問題なのは、誤った見方にもとづいて会社としての経営方針をトップ・ダウンで決めたり、問題や課題に対して誤った対処方法を指示したりする結果になることです。こういうことで経営資源を浪費している外資系もゼロではありません。

外国人マネジメントのなかでも、アメリカ人は非常に気さくで陽気、楽天的で活動的です。かなり地位の高い人でさえ、一人のビジネスパーソンとして、相手が誰であれ、かなり地位の低い人や若い人であっても、いつも打ち解けた様子で話をします。いわゆるフランクな話しぶりです。自分の立場や地位を考えて、それに沿って話をしているようには見えません。これは日本だけでの現象ではなく、彼らの本国アメリカでも同じです。

一方日本人はどうでしょうか。筆者の見るところ、日本人は自分の立場や地位、職務をかなり気にします。何ごとかを言う前に、まず自分の置かれた立場を考え、その立場と矛盾しないように注意してコメントしたり、意見を言ったりします。

さらに、自分の立場だけでなく、話しかける相手の地位なども念頭に話をしているよう

に見えます。これは筆者の見方が違うのでしょうか、そうとは思えないのですが。

フィージビリティーを見落とした計画

なかには十年十五年ときわめて長期にわたり、日本に住んでいる外国人マネジメントもいないわけではありませんが、多くは数年ほど日本にいると別の国や地域に転勤します。彼らは、その数年の間に積極的に社員や外部の人たちと接触し、情報や知識を吸収しています。このため、彼らの多くは、自分は日本のマーケットや顧客、ビジネス・プラクティス、その他経営にかかわる非常に細かいことまでよく知っていると思っています。事実驚くほどよく知っています。

しかしこの結果、ときにフィージビリティー（Feasibility）、すなわち実現可能性に問題のある経営計画をトップ・ダウンで決定してしまうことがあります。

問題はどこにあるのでしょうか。それは、検討の際に使った統計や数値に出てこないけれども考慮すべき重要なこと、例えば長い経験から学んだ知恵や注意点を十分反映して計画を作成していないことです。数値化できないものの一つが顧客や販売する人の心のなか、つまり心理です。

日本人のマネジメントであれば、理屈のうえではそうなることになっても、自分の過去の経験から見てこの計画はどこか変だ、顧客や販売店の考えや見方が反映されていない、

だから理屈どおりにうまくいくはずがないということになります。

ところが外国人マネジメントには現場での販売経験もありません。販売計画策定にあたって必要と思われることを数値化し、論理的にしっかりと構築した計画であれば、後はそれを実行するのみで、販売目標達成の見込みはかなりあると思ってしまいます。

もう一つの問題点は、その計画を実行して何年か経過し、やはりこの計画にはムリがある、重大な見込み違いがあるとわかるころには、計画を決定した外国人マネジメント自身は転勤で日本にはいなくなっていることがあることです。会社に残っているのは日本人のマネジメントや社員、それにその計画作成にはかかわっていない、新しく日本に赴任した外国人マネジメントです。

しかし、販売計画が達成できなかったり、当初の計画から大きくビハインドしたりしている場合には、ことによると社員のボーナスにも影響するかもしれません。

重要なことは、数値として表に出てこないけれども、その計画の達成には大きな影響がある事項について、外国人マネジメントにいかに説得力ある説明をするか、説明ができるか、そしてより実現可能性の高い計画に練り上げるかです。しかし、数値には表れないことを、一つひとつ英語で順序立てて説明する、これはなかなか難しいことです。

まとめ

この章の要点はつぎのとおりです。

†部下の進言に沿って動くことの多いのが日本のマネジメントです。外資系ではマネジメント自身が考えて行動します。マネジメントの指示を実行するのが部門長以下です。

†経営企画部といった名前の部門が多くの日本の会社にあります。会社の戦略を企画しマネジメントに提言する部門で、優秀な社員がそろっています。この部門を経て社長になった人も多くいます。外資系ではこういった職務の部門は稀で、戦略や会社の基本計画はマネジメント自身が考えるのです。

†部下がお膳立てをしてマネジメントに示すのが日本的なやり方です。出張先の会議のスケジュールから、発言者やその内容までも事前にセットアップすることがあるようです。外資系では、マネジメント本人がスケジュールを部下に指示します。また、スケジュールを守ることよりも会議や議論の中身を重要視します。

†外国人マネジメントにとって、社内の実情を知るのは簡単ではありません。外資系でも社員のほとんどは日本人です。あらかじめ打合せた意見や資料などを見て、それが実情と思ってしまうこともあり得ます。

†外資系のマネジメントは社内外の状況を細かく知ろうとします。みずから本社のマネジメントに報告するためです。日本の会社のマネジメントは大局を心得ていればよく、細かいことに介入すべきではないと思われています。

†外資系の本社のシニア・マネジメントも海外の拠点を訪問します。日本の事業規模が大きければ訪日も多くなるでしょうが、一般には訪日はそう多くありません。一般にグローバル企業の海外拠点数は非常に多く、時間的に見て各拠点を頻繁に訪問できないのです。

†何かいつもと違うことがあったらすぐに上層部に知らせよ、と外資系のマネジメントは言います。自分自身で問題を即把握し、会社に対するダメージを少なくするためです。日本の会社では、まず経営企画部門などで検討し、大きなものを社長に報告するようです。

†プレーイング・マネージャーは今では日本の会社でも普通になりました。しかし日本の会社と外資系が違うのは、マネジメント自身が電話やメールで相手先と直接連絡を取っていることです。

†一般に外国人マネジメントはいろいろな人と気さくに話をします。特にアメリカ人は陽気で楽天的かつ活動的で、誰とでも打ち解けて話します。日本の会社のマネジメントは、自分の置かれた立場などを考えた話し方をしているようです。

†外国人マネジメントが経営計画を策定する際の問題は、数値化できない要素、例えば顧客や販売する人の心のなかを勘案できないことです。計画が何かおかしいと思っても、それを外国人に説明するのは非常に難しいことです。

10

多国籍のマネジメント

世界各地を転勤するマネジメント

日本の会社の場合、マネジメントはほとんどが日本人で、外国人はきわめて少数です。世界各地に拠点を持つグローバル企業になった日本企業の場合、本社や各国の拠点で、日本人以外の人がどのくらいマネジメントになっているのでしょうか。

さて外資系のマネジメントと聞くと、多くの人はアメリカ人をまず想像すると思います。それは、アメリカに本社がある外資系、つまりアメリカの会社が多いことによるものです。しかしアメリカの会社であっても、最近はマネジメントが必ずしもアメリカ人ばかりではなくなりました。国籍がイギリスやドイツなど西ヨーロッパ各国は当然ですが、東欧や南欧出身の人たちもいます。

またアメリカ人であっても、多くの日本人が思い浮かべるアメリカ人だけでなく、アフリカ系、中近東系、東南アジア系アメリカ人なども多くなりました。最近特に増えているのがインド系、中国系、そして韓国系のアメリカ人マネジメントです。ただ非常に少ないのが日系アメリカ人マネジメントです。

これはその企業の本社の経営方針にもよりますが、グローバル企業のマネジメントで特筆すべきことがあります。それは、いわば世界を股にかけた転勤です。転勤と聞くと私たちは日本国内の転勤を思い浮かべますが、外資系のグローバル企業の場合、外国人マネジ

メント、特に上層部の転勤は世界各地です。

本社があるアメリカで入社し、数年ごとに中南米各地をいくつか転勤し、その後東南アジアで何年か勤務し、現在は日本でマネジメントの一員になっている、などといったケースです。そして、業績や能力を認められて、最終的には本社に戻ってシニア・マネジメントの一員となる人もいます。

なお、グローバル企業でも、すべてがこのような転勤ではなく、一つの国や地域に非常に長く勤務する方式の企業もあり、日本へ赴任してから二十年近いなどという外国人シニア・マネジメントがいる外資系もあります。

合意のうえでの転勤

日本の会社の場合、社員は業務命令で日本国内各地を転勤しますが、前記のような世界各地を転勤する外資系企業の場合には、業務命令で有無を言わさず転勤させるようなことはできません。

というのは、入社の際の会社との契約すなわち就「職」において、世界各地の転勤もあり得るという契約になっている場合はまだしも、一般的には本人やその家族の意向を考慮し、合意のうえでの転勤になります。給与だけでなく家族のことなども考えると、それなりの待遇が必要になるのは当然でしょう。

日系のグローバル企業のマネジメントや社員も、転勤で世界各地にいくことがありますが、この場合も、日本国内での転勤と同じ「業務命令」のようです。日本では就「職」ではなく就「社」なので、会社の決定で海外転勤ということもあるのでしょう。

外資系のグローバル企業で世界各地を転勤する場合、転勤にともなうかなりの額の経費や家族のためのベネフィットなど、会社としてのコストも相当なものです。ではなぜそのように世界各地を転勤させるのでしょうか。

いくつか理由があるでしょうが、その一つは、本社の経営戦略や経営に対するＣＥＯのビジョンなどを、直接現地の経営に間違いなく反映させるためです。つまり本社のマネジメントの出先機関です。

もう一つは、ビジネスをしている国や地域で、個別の事情を考慮して、それぞれ最大の成果を上げるためです。本社にいて現場を知らないで経営するのではなく、国や地域それぞれに異なる法令や歴史、社会や経済の状況を勘案し、現地に即した経営戦略を策定して実行するためです。

小さな日本でさえ地方によって風土が微妙に異なりますが、最大の成果を上げるためには、世界各地で大きく異なる特徴や制約を個別に勘案し、それを反映した経営をすることが重要なのです。

最後に、ことによるとこれがもっとも実務的な理由かもしれませんが、右のような条件

をクリアーできる人材を、ビジネスをしている国や地域で、例えば日本でリクルートできない、またはそのような人材がほとんどいないからです。

他社経験があるマネジメント

外資系の外国人マネジメントで、転職を一度もしないでその会社のみでずっと働いている人は少数派です。マネジメントとして他社から転職してきて日本で勤務し、数年すると別の国へ転勤する人たちがいます。よく聞いてみると、そういった人たちの多くは、前の会社でも世界のいろいろな国で勤務した経験を持っています。

他社から移ってくる場合、他社は同業他社とは限りません。確かに同業他社から来る人は多いのですが、金融関係で見ると、監査法人やコンサルティング会社、それに日本ではあり得ませんが監督官庁から来た人もいます。ときには全く違う業種から来た人もいます。

雇用の流動性が高い環境もありますが、企業としてよりよい業績や成果を上げるためには、いろいろな会社や地域で多様な経験をし、専門知識を磨き、リーダーシップを身につけた人材が経営に携わる方が、ずっと何年も同じ釜の飯を食ってきた仲間だけで経営するよりも好ましい、と本社のシニア・マネジメントは考えているのです。

一方日本の会社のマネジメントは、一つの会社または一つの企業グループに属する会社のなかで働くことがほとんどで、マネジメントが全く別の会社やグループに移ることはほ

とんどありません。横の異動がないのです。新卒で下から上がっていくことはあっても、途中で横から入社することがほとんどない、純粋培養・一社専属・年功序列の世界です。

新たに加わったマネジメントが同業他社ではなく別の業界から来た場合、その外資系の本業つまりビジネスについての知識や経験が乏しく、部長や課長などの中間管理職は、基本的なことや専門用語の意味などについて繰り返し説明することになります。多忙ななかで何回も同じことを聞かれて説明するのは、説明する方にとってはやる気をなくすいわば余計な仕事です。

また、説明を受けても当人が本当に理解したかどうかは誰にもわかりません。知識として頭で理解したとしても経験はどうしようもありませんし、疑似体験にも限界があります。

しかし、日本の会社のようにボトム・アップで検討を重ねて最終的にマネジメントが決めるのではなく、そのような外部から来たマネジメントが、経営にかかわる重要な事項についてトップ・ダウンで決定したり、仕事を仕切ったりするのが外資系です。

これでおわかりのように、外資系には現状を反映しない誤った経営計画を策定したり、無駄な仕事をせざるを得なくなったりするリスクが存在します。

一方プラスのケースも考えられます。すなわち、同じ会社に長く働いている人たちが集まってものごとを決めると、過去の延長線上から抜け出ることは容易ではありません。全く新しい戦略や経営計画を決定することは困難です。

ところが、別の業界から来たマネジメントは、その業界や会社の過去にとらわれない、新たな発想や見方で経営計画を決定し実行することができます。一種のブレイクスルーです。

マネジメントが辞めて競争相手へ

ある日突然マネジメントの一人が会社から姿を消し、しばらくすると競争相手の会社のマネジメントになっていた、などということは日本の会社ではほとんどあり得ないことです。

しかし、日本人であると外国人であるとを問わず、外資系ではこういったことがときどきあります。いったん会社を辞めて別の会社へ行き、何年かして再び元の会社へ戻るなどということもあります。

日本の会社のように、新卒を大量採用し、社内で教育して専門知識を身につけさせ、経験を積ませて戦力にする、純粋培養を行なっている外資系は少数です。したがって、社員の多くは日本の会社でいう中途採用者です。オフィサーと呼ばれる役員クラスも同じで、中途採用で入社した人がかなりいます。

すなわち外資系の基本的な採用方式は通年採用、「必要なときに必要な人材を採用する」方式です。その結果、辞めたマネジメントが競争相手の外資系のマネジメントになってい

たり、またその全く逆のことが起こったりします。

日本の会社では、新卒で入社して年功序列で昇進し、役員にまでのぼり詰め、そして退任すると顧問として会社に残ったり、子会社や関連会社の役員になったりすることがあります。これら一連の異動は親会社の人事部門が中心になってお膳立てをします。先輩たちはみなそのような仕組みで「人事異動」をしてきたので、本人にとってもそれはごく当然のことなのです。

このように、役員になると、常務や専務などの「格」により、退任後のある決まった期間は会社が面倒を見てくれるようです。

しかし外資系ではそうはいきません。オフィサーと呼ばれる人たちであっても、最上層部のごく一部の人を除き、今の会社を辞めた後の職場は自分で探さなければならないのです。日本的な感覚からすると、これは大変なことのように見えますが、本人たちの感覚はそうではないようです。

退職と仕事の引継ぎ

立つ鳥跡を濁さずという言葉がありますが、日本では、退職に際して仕事の引継ぎをするのが一般的です。よほどのことでもない限り、後は野となれ山となれといった辞め方はまずありません。引継ぎをすることで、仕事をスムースに間違いなく継続して行なうこと

ができます。

外資系の会社でも、部長や課長などの中間管理職および一般の社員の場合、会社の規程により、退職する日の一定期間前に会社に通知しなければなりません。

一方外資系の特に外国人マネジメントにときおりあることですが、退職の直前になるまで本人からの通知がなく、引継ぎがほとんど行なわれないことがあります。本人の上司（外国人）もそれを気にしている様子がありません。

それどころか、本人から退職の申し出があると、普通はパソコンなどの機器の機能を即刻停止して本人は使えなくなり、会社の出入りに使うＩＤカードも無効にされ、オフィスに入ることもできなくなります。

私たち日本人から見るとこのプラクティスは理解に苦しみますが、当事者はごく普通にそれを受け入れています。これこそ異文化というものでしょう。

そして、社内で適当な候補者がいればその人が後任になることもありますが、外部からリクルートすることもよくあります。外部からリクルートする場合には、適当な人が見つかるまで何ヶ月もかかることもあります。もちろんその間はそのポジションは空席で、通常は辞めた人の上司が兼任することになります。

まとめ

この章の要点はつぎのとおりです。

†外資系のマネジメントはいわゆるアメリカ人だけではありません。中国系や韓国系のアメリカ人やヨーロッパ出身の人もいます。しかし日系は非常に少数です。彼らの多くは世界のあちこちを転勤します。

†彼らの転勤は合意のうえで行なわれます。日本の会社の場合、海外への転勤も業務命令と聞きましたが本当でしょうか。

†日本の会社では、同じ会社やグループのなかでの転勤で、横から入ってくる人はほとんどいません。外資系のマネジメントには他社経験がある人が多くいます。別の業種から来る人もいます。

†別の業種から来た人に、専門用語を何回も説明するのは日本人社員にとっては大変です。しかし彼らは過去にとらわれない新しい見方で計画を決定し実行することができます。

†マネジメントが突然いなくなり、競争相手のマネジメントになっていた、ということは外資系では珍しくありません。逆に競争相手から来るマネジメントもいます。日本人も同じです。年功序列で同じ会社内で昇進する日本の会社では見られないことです。

†日本の会社では、退職するには前もって届け出なければなりません。一般の社員は外資系も同じです。しかし外国人のマネジメントは、退職直前に申し出ることがあり、申し出ると即パソコンは使えず、ＩＤカードも無効にされ、オフィスに入ることもできなくなります。

11

外国人のマネジメント

外国人マネジメントはみな有能か、なぜ多いのか

外資系の外国人マネジメントと聞くと、ビジネス経験も豊富だ、いろいろな国で仕事をしている、つねに前向きでポジティブな考え方をする、エネルギッシュに仕事に取り組む、といったことを思い浮かべる人も多いと思います。確かにそのような人が多いのは事実です。

しかし、マネジメントとしての能力に疑問があるような人もいます。この点では日本の会社の日本人マネジメントと大きな違いはないようです。

疑問符のつくマネジメントを、ビジネスにおける優先づけ、指示の仕方、コメントの対象や内容、意見、質問や確認事項などに注意して見ていると、ある傾向があることに気づきます。

例えば、日本の会社で「てにをは役員」と呼ばれているような、文章のちょっとした表現や細かいどうでもいいこと、いわば枝葉末節にばかり注目し、本質的なことや大局的なことなど、マネジメントとして関心を向けるべき事項にあまり関心を払わない外国人マネジメントです。

気をつけなければならないのは、多くの日本人社員は、ともすると欧米人のマネジメントは誰もがみな優秀だという思い込みをしていることです。そのマネジメントが言ってい

ることが明らかに誤っているのにどうして指摘しないのか、そうではないという事実をどうして示さないのか見ていて気になることがあります。

言語の問題を別にすると、その日本人は、相手は自分よりずっと優秀だと思っているか、それとも自分は指示されたことを実行するだけ、と割り切っているのかもしれません。こういった日本人が増えると、その外資系は日本でのビジネスに苦労することになるでしょう。

重要なことは、外国人マネジメントであってもよく見ていて、指摘すべきと思ったら、時と場合とポイントや言い方には注意しながら、適宜コメントをしたりデータや資料を示したりすることです。そうすることで、ほとんどの外国人マネジメントはその日本人を評価するはずです。

ところで外資系には外国人マネジメントが多いのはなぜかなどと書くと、そんな当然のことをどうして書くのかといった声が聞こえてきそうです。外資系の企業だから外国人が要職を占めるのは当然、と言ってしまえばそれまでですが、ここは原点に戻って、どうしてなのか考えてみるのも意味のあることと思います。

マネジメントに外国人が多い理由はいくつかありますが、大きな理由の一つは、その外資系の本社から見て、日本でのマネジメントを託すことができる日本人が見当たらないケースです。

外資系の本社は、日本でビジネスを開始するに際して、多くの場合まず同業他社のなかから人材を探します。そのビジネスにかかわる専門知識や経験が必要だからです。

しかし、日本の会社で経験を積んだ人たちは、日本的な考え方（マインドセット）やビジネス・マネジメントが染みついているためか、新たな戦略を考え実行する意思や行動力が感じられず、本社から見ると、かりに英語ができたとしても、採用条件に合う人はごく少数です。

一方、本社が求めているような経営マインドを持ったマネジメントを、全く異なるビジネスの分野からリクルートすると、かなりのリスクをともなうことになります。したがって、いわば仕方なく外国人をマネジメントにアポイントすることになります。

二つ目の理由は、同業他社の日本人マネジメントや上級管理職のなかには、現状にいろいろ不満はあるけれども、終身雇用が保障されている今の会社を辞して、あえて転職して新たな天地で存分に会社経営をやってみようという、アントレプレヌール・マインドを持った人材が少ないことです。決められたことを間違いなく期日までに仕上げることが自分の職務、と考えているような中間管理職は多数いるけれども、経営者の候補になるような人材はそう多くないのです。

三つ目の理由は英語でのコミュニケーションの問題です。本社のマネジメントが設定した方針を理解し、本社のマネジメントが考えているように会社を経営し、問題点やその解

決策を本社のマネジメントが理解できるような方法で英語で説明し、疑問点や質問には的確に英語で答えられるような人材は、簡単にはリクルートできないのです。英語は喋れても英語でコミュニケーションができる人材は、日本の会社のなかにそう多くはいないのです。

この結果、セカンドベストとして外国人マネジメントがアサインされるのです。

そしてその結果、つぎのようなことが生じることがあります。すなわち経営者としての資質や能力から見ると、どう見ても経営者とは思われないような外国人がマネジメントになることです。

こんな場合、日本人の優秀な中間管理職のなかには、自分は英語ができないからマネジメントになれない、その外国人は能力はまずまずでも、英語が喋れるからマネジメントの一員になっている、と思う人が出てきます。

実はこれらのことは日本でビジネスを開始するときだけではありません。その外資系が日本に進出してから何十年が経過し、規模もかなり大きくなって従業員数も何百人何千人となったときに、そこで日本人のシニア・マネジメントを増やそうとする場合でも状況はあまり変わりません。

マイクロ・マネージ

徐々に減っているのかもしれませんが、日本の会社でよくあるのは、部下にほとんどのことを任せるマネジメントです。ボトム・アップの仕組みがそれを支えています。先述のように、神輿に乗るマネジメントは部下に任せるしかありませんし、部下もそれを求めています。

そんななかで、ときおり親分肌のマネジメントが話題になることがあります。お前たちに任せた、責任は俺が取る、存分にやってくれ、などと言うマネジメントです。

しかし、こういったマネジメントは、運よく美談の主人公になることがあっても、ビジネスで求められているマネジメントではもはやありません。ボトム・アップであっても、部下が求めていなくても、自分が内容を理解して決断し、実行を部下に任せる、そして結果の責任はマネジメントとして自分が取る。ステークホルダーが求めているのは、そういうマネジメントです。

つまり、日本の会社であっても、マネジメントは自分の足で立たざるを得ない時代に入りつつあると見るべきでしょう。

そういったなかで、外資系でときおり見るのがマイクロ・マネージをする外国人マネジメントです。彼らは、自分の足で立つだけでなく、例えば足の下の地面が何でできているのか、舗装されているか砂利道か、硬いか柔らかいか、平坦か坂になっているかなどなど、

きわめて細かいいわば枝葉末節にまで関心を示します。神輿に乗るのではなく、例えて言えば自分で神輿をかつぎたがるシニア・マネジメントです。

上層部がこのようなやり方をすると、日本人のオフィサーや部長以下の中間管理職は大変です。単に忙しいだけでなく、問題はどこまでその上司に知らせたり報告したりするか、ことあるごとによく考えなければなりません。このくらいのことは上司に報告しなくてもいいだろうということで知らせなかったことが、後になってそのマネジメントの耳に入り、後であれこれ言われることさえあります。

するとどういうことになるか。さまざまなことの一つひとつについて、報告すべきか否か検討することに時間を取られるより、報告すべきことを広くとらえ、なるべく多く報告しておく方がオフィサーや管理職である自分たちにとって安全でもある、といったことになります。

そしてさらにその結果、妙なことが起こります。それは、日本人のオフィサーや上級管理職がマネジメントとしての職分を縮小して、自分たちはものごとをシニア・マネジメントに報告するだけの役割になり、経営判断をそのシニア・マネジメントに実質上求めることになることです。

海外にある外資系の本社のマネジメントに、みずから詳細を直接報告するためには、このようなマイクロ・マネージは一つの方法ですが、その結果ローカルつまり日本における

マネジメントや部長などが本来すべきことをしなくなる、これはその外資系にとって経営上の大きな問題です。

外資系の日本人マネジメント

外資系企業をおしなべて見た場合、日本の会社に比べて外国人マネジメントが多いのは確かですが、日本人のマネジメントもかなりいます。おそらく総数では日本人の方が多いでしょう。

CEOやシニア・マネジメントは外国人で、いわゆる平取締役や執行役員クラスは日本人という外資系の会社をよく見ます。これはある意味で当たり前のことです。

トップ・ダウンで経営戦略や実行計画を決める外資系では、一番上層部の何人かが本社がアサインした人であれば、その他のマネジメントは必ずしも外国人である必要はないでしょう。

こんな場合の日本人マネジメントには二つのタイプがあります。一つは外国人のシニア・マネジメントと同じような発想、考え方、行動をする人たちです。極端に言えば、現状を受け入れてその延長線上で考えるのではなく、まず原点に返って一度は疑ってみるような人たちです。

なかには彼らに認められ、日本におけるビジネスを任される人も出てきます。というの

は、そういった人たちをマネジメントとして採用したのは、多くの場合外国人のシニア・マネジメントだからです。しかしこのような日本人マネジメントは、どちらかというと少数派です。

もう一つのタイプは、外国人のマネジメントがジョブ・インタビューをしてリクルートしたのですが、一見外資系的な対応や行動をするように見えて、実は普通の日本の会社のマネジメントと似たような発想、考え方や行動をする人たちです。こういった日本人マネジメントは、海外の本社が決定した戦略や計画の実行においては、外国人マネジメントと同じような対応や行動をします。つまり一見外国人的です。

しかし、ローカルすなわち日本で経営計画を主体的に決めるようなことがあると、彼らの発想や考え方はとたんに同業他社と似たようなものになります。

日本の会社の日本人マネジメントには想像できないような、斬新な考えや他社との差別化ではなく、先行する大手の会社の販売戦略をできる限り早くキャッチアップしようとするなど、伝統的な日本の会社の発想の域を出ることはありません。その理由は、彼らの多くはかつて同業の日本の会社で長い間働いていたからです。

日本語ができても日本を知らない

日本語を話す外国人マネジメントの増加は目を見張るばかりですが、日本語ができるの

で日本のビジネス慣習や日本のビジネスパーソンの考え方などがわかっていると思っていると、思いもよらぬ反応や行動に出会って驚いたり困惑したりした人も多いのではないでしょうか。

もちろんずっと日本に住んでいる私たちでも、日本の社会のいわば底流にあるような取り決めや作法、慣習などをどれだけ知っているかとなると、知識は意外と限られています。しかし、ここで取り上げるのは、そのような一般的な日本人でも知らないことではなく、多くの人、特にビジネスパーソンがごく当たり前と思っているようなことです。トップ・ダウンとボトム・アップの違いが一つの典型的な例です。先に記した「神輿に乗るマネジメント、自分の足で立つマネジメント」の違いということもできます。

日本語を流暢に話せるくらいの外国人マネジメントであれば、神輿に乗っているかどうかは知らなくても、ビジネス上でのトップ・ダウンとボトム・アップの違いは観念的には知っています。ところが、実際のビジネスにおいてその違いがどのように作用するかはほとんど知りません。ですから、ときには驚くようなことが起きるのです。

例えば、ある会社のトップが別の会社のトップに対し、もちろんM&Aなどの極秘事項の場合は別ですが、共同して何ごとかにあたる計画をもちかけようとする場合を考えてみましょう。

両方が日本の会社であれば、まず担当の課長クラスが会って話をして、その計画の背景

や目的などを共有します。その後、計画の重要性や影響度合いなどにもよりますが、部長クラス、役員同士などと話し合いのレベルを上げ、最後にトップの出番になります。もちろん双方のトップは一部始終を知っていて、社内ではその計画を承認しています。トップが会うのはいわば形式的で一種のセレモニーです。

ところが一方が外資系で外国人がトップの場合、いつもこのように進むとは限りません。ある日突然外資系の外国人トップから日本の会社のトップにレターが送られ、日本の会社のトップは、社内組織の下の方からまだ話が上がってきていないことについて、部下からの事前説明なしに内容を直接知ることがあります。

日本語を話す多くの外国人マネジメントは、自分は日本でのビジネスのやり方やビジネスの慣習を、日本語を話さない外国人よりも相当よく知っていると思っていますが、ときには、こういった日本のビジネスパーソンから見れば当たり前のことを理解していないことがあります。

直接レターを送られた会社の社長室や企画部門の部長や課長は、このような「根回し」のない単刀直入のやり方について、社長からお目玉を食らうこともあるようです。さらに、日本の会社のトップにあてたレターは、トップが開封するのではなく、事前に社長室などで開封して取捨選択し、必要と思われるものだけをトップに渡していることがあるやに聞きます。

こんな場合には、社長室からその外資系の関係部門に事前連絡が入り、善後策を話し合う、つまり辻褄合わせをすることもあるようです。

外国人マネジメントは、よほど長い間日本で仕事をしている人を除いて、まさか自分のレターが事前に開封されるとは思っていませんし、ときによっては相手のトップに渡らないこともあるなどとは思ってもいません。

もう一つ似たようなケースがあります。日本には数多くの業界団体があります。通常はそれぞれ別の業界団体をつくっていることもあります。業種ではなく国や地域をベースに団体ができていることもあります。アメリカ商工会議所（ACCJ、The American Chamber of Commerce in Japan）などはその典型です。

さて外資系の業界団体や国や地域をベースにした団体が政府の審議会や作業部会、研究会などに招かれ、意見やコメントを求められることがあります。

こんな場合、日本の会社のマネジメントや日本の会社の業界団体の役員であれば、すでに公表されている審議会の議題から離れた陳述やコメントは考えてもみないことですし、またこのような審議会や作業部会は、筋書きや落しどころが見えないまま開催されることはほとんどなく、最初からそれらはほぼ決まっていて、いわば一種のお墨付きを監督官庁に与えるために開催されることを経験から知っています。

したがって、議題や想定される着地点を勘案しつつ、場合によっては担当官庁と事前の打合せをしたうえで、意見表明やコメントをします。

一方外資系の業界団体や国や地域をベースにした団体の外国人マネジメントは、当然ですがそんなことを知りません。かりに知っていたとしても、それをそのまま受け入れることなど考えてもいません。

その結果、議題がその団体がつね日ごろ問題視していること、例えば貿易障壁や日本特有のビジネス慣行などと若干でも関係があると考えた場合、議題の内容や範囲を広くとらえて、この機会に自己の主張をしようと考えます。

ところが、このような会議の委員のほとんどは日本人なので、外資系の外国人マネジメントや、その意を受けた日本人マネジメントの主張は非常に場違いなものになります。しかし、事情を知らない外国人には、場違いであることさえも理解することができません。そしてその結果、私たちの主張は受け入れられなかった、という見方をすることになります。

これは典型的な例ですが、日本語を話す外国人ビジネスパーソンと日本語で話をしていて、相手の反応やコメント、意見などにどこか違和感を覚えたことのある人もかなりいると思います。普通の日本人ビジネスパーソンであれば多分こう反応する、このようにコメントする、といった潜在的な予想がこちら側にあり、それとどこか微妙に違うから違和感

を覚えるのです。

日本語を話すから日本のビジネス慣行などがわかっていると思ってしまうのではなく、外国人とのコミュニケーションにおいては、重要なことは再確認しつつ仕事を進めることです。

私たちも、よく考えると、英語ができても例えばアメリカやヨーロッパのビジネス慣行などに通じてはいません。ことによると、外国人も英語のできる日本人と話していると、ときに違和感を覚えているのかもしれません。

日本のやり方がおかしい

日本の会社の日本人マネジメントでも同じことですが、外資系の外国人マネジメントにもいろいろな人がいます。外国人マネジメントのなかで、ときおり見るのが本社中心の考え方をする人たちです。

彼らは、本社の考えや計画などを現地の社員に忠実に伝えます。彼らの多くは本社にいる上司の指示につねにしたがうイエスマンでもあります。おそらく海外へ進出している日系の外資系企業のマネジメントのなかにも、同じような人たちがいるのではないでしょうか、いわく東京の方ばかり向いている人。こういう人たちは、本社にとっては都合のよい人材かもしれませんが、企業としてこれでいいのか疑問です。

なお、このような外国人マネジメントのなかには、本国から出て海外のオフィスで仕事をした経験がなく、日本赴任が初めての海外経験という人たちがかなりいます。現地の実情を知ろうとしないマネジメントも、多くはありませんがいます。現地の実情をよく知ったうえで、問題の解決策を考えるのではなく、例えば彼らは、そもそも日本のやり方の方がおかしい、日本のやり方を変えるべきだ、と考えます。マーケティングや社内の仕組みに関することならともかく、それが法令やコンプライアンスにかかわることになると、この考え方では大変なことになります。

例えば法令にしたがってある行為をしなければならないとか、逆にある行為をしてはならないといったことがある場合、ちなみにこれを行為規制と言いますが、そのマネジメントの理解が得られず、対応するための経費支出の同意を得るのに日本人マネジメントや管理職は苦労します。

日本人マネジメントや管理職の説得が筋道が通っていないなど、いくつか問題があったのかもしれませんが、この種の人たちは、コンプライアンスだけでなく、通常のビジネスでもなかなか日本人スタッフの言うことを聞いてくれません。例えば、日本ではビジネス・プラクティスが異なるのでその方法は採用できない、消費者の見方が違うのでそれをやっても効果は少ない、などという意見に耳を貸そうとはしません。

おそらく海外に進出している日本の企業でも、現地のスタッフの言うことに耳を貸さな

い、似たような日本人マネジメントがいることでしょう。

一方、何度か転勤をして、世界各地で仕事をした経験のあるマネジメントには、このような人はあまり見かけません。彼らは、国や地域によりいろいろな違いがある、その違いを理解したうえで、どうやったらビジネスを成功に導くことができるかを考えています。

ただ法令や規制はともかく、ビジネス・プラクティスなどになると、現地のやり方を理解してそれに合わせた方がいいのか、あるいはどこかにブレイクスルーを見つけて、全く新しい戦略にチャレンジすべきなのか、マネジメントの判断のしどころです。

マネジメントの年齢

日本の会社と外資系のマネジメントで、もう一つ特徴的なことは年齢です。おわかりのように、日本の会社では新卒で入社してから課長、部長、執行役員、取締役といった階段を上がって昇進するので、経営陣の上の方にたどり着くころにはかなりの年齢になっています。

年功序列の必然的な結果と見ることもできるし、株主を代表する取締役会のメンバーと業務を執行する経営陣が渾然一体となっている結果と見ることもできます。

これに対して、外資系特にその本社においては、取締役会（ボード、Board）のメンバーである取締役（ディレクター）と業務を執行する役員（オフィサー）がハッキリと分かれ

ているのが普通です。

取締役はそのほとんどが社外取締役（ノン・エグゼキュティブ・ディレクター、Non-executive Director）で、多くは立派な会社のCEOや会長などを経験した人たちや学者などです。したがって年齢もかなり上の人が多くなります。

業務を執行するマネジメントで取締役会のメンバーになっているのは、CEOやCFO（チーフ・ファイナンシャル・オフィサー、Chief Financial Officer、最高財務責任者）くらいです。

この結果、取締役会は、年齢にとらわれず適材適所で業務を執行するマネジメントを指名することができます。社内に適任者がいなければもちろん外部からリクルートします。

こうして、日本の会社に比べると非常に若いマネジメントになることがあるのです。日本の会社のように新卒で入社してから一段一段階段を上がってきた人たちではないため、年齢を考慮する必要性は少ないのです。

まとめ

この章の要点はつぎのとおりです。

†外国人マネジメントはみな有能とは限りません。外国人に言われたことをやるだけと思っている割り切った日本人社員が増えると、会社の業績に悪影響があ

ります。外資系の本社も、できるだけ日本人マネジメントを増やそうとしているのですが、それに応えられる日本人が少なく、仕方なく外国人を充てていることもあります。

†外国人マネジメントのなかには、非常に細かいことまで逐一報告を求める人がいます。こんな場合、日本人マネジメントは、自分たちがすべき経営判断までその外国人マネジメントに委ねるなど、本来すべきことをしなくなる傾向があります。

†シニア・マネジメントは外国人でそれ以外のマネジメントは日本人、という外資系が多くあります。日本人マネジメントには、外国人的な考え方や行動をする人と、一見外国人的ですが日本人的な発想や行動をする人がいます。

†日本語がうまい外国人が増えました。しかし日本語ができるから日本のビジネスの習慣なども知っているかというと、必ずしもそうではありません。日本人とは異なる行動をした結果、日本人社員が後始末をするようなこともあります。

†外国人マネジメントのなかには、本社の指示を日本人に伝えるだけの人や、日本の実情を知ろうとしないで、日本のやり方がおかしい、変えるべきだなどと言う人がいます。海外へ進出した日系の企業にも同じような日本人マネジメントがいるのではないでしょうか。

†日本の会社では、新卒で入社して年功序列で昇進し、役員になるころには年齢が高くなっています。一方外資系で特にその本社では、年齢を考慮する必要性は少なく、適材適所でアポイントします。

12

外資系の経営戦略

会社名は変わらないが前とは違った会社になる

日本の会社では、社長が退くと、副社長や専務、常務など、同じ会社のマネジメントの上層部から後継者が選ばれて社長になるのが通例です。平取締役のなかから後継社長が指名され、マスコミで大きなニュースになったことがありました。

最近では、会社法の改正により、多くの企業で社外取締役が導入されていますが、社外の人たちはあくまでも「社外」で、社長や副社長などトップ・マネジメントが社外から招かれるのは、よほどの不祥事があった会社などを除けば、頻繁に見られることではありません。

先述のように、新卒で入社して課長、部長、執行役員、取締役などの階段を上りつめて社長になるのがほとんどの会社での普通の道筋です。つまり社長以下マネジメントを含め、ほとんどの社員が純粋培養された人たちです。

この結果、その会社の風土や文化、マネジメントや社員のマインドセットなど、発想や行動のベースとなる素地が、よいことも悪いことも長期にわたって受け継がれています。このため、純粋培養の会社では、過去にその会社では考えてもみなかったような、全く新しい戦略を策定することは非常に難しくなります。同じ釜の飯を食った人たちだけでは、全く新しいことをするには抵抗があるのです。

係長や課長クラスの会議で議論して部長クラスの会議に上げてゆく、ボトム・アップの仕組みもそれを助長しています。このような会社つまり日本の会社では、社外の環境例えば競争環境や経済情勢の変化により会社が大きく飛躍することはあっても、会社内部の変化によって会社が大きく飛躍することは稀でしょう。

不祥事などの責任を取って退任する社長やその他のマネジメントの後任は、通常は同じ会社の若手のマネジメントから選ばれています。皮肉な見方をすれば、不祥事にともなう社長やマネジメント上層部の退陣は、若手のマネジメントや部長クラスにとっては昇進のチャンスとなります。

なぜこのようなことが生じるのか、その理由の一つが株主の代表たる取締役と会社の経営を行うマネジメントが日本の会社では同じ人たちだからです。その結果、過去からずっと続いている偽装や改ざん、不正を不正と思わない会社の風土や文化、考え方や発想、行動のベースとなる素地などは大きく変わらずにそのまま残り、そして何年かすると再び同じような不祥事が生じることになるのです。

外資系の会社、特に海外にある本社では状況は全く異なります。社長すなわちＣＥＯが退いた場合、同じ会社のマネジメントのなかから後任が選ばれることももちろんありますが、よく見るのは外部からのリクルートです。日本では考えられないことですが、競争相手の会社のＣＥＯが後任として選ばれることもそう稀ではありません。

新しいCEOが就任すると、その人はステークホルダー特に株主の期待に応える施策や戦略を実行しようとします。そうしないと自分のCEOたる地位が危うくなるからです。

日本の会社のように一定の期間、例えば一期二年として通常は三期か四期勤めると退任し、自分の息のかかった人を新しい社長とし、自分は会長などになってときには院政を敷く仕組みと異なり、業績がよければ長い間CEOを勤めることができるけれど、悪いと取締役会で解任されてしまう仕組みでは、前のCEOが採った施策や戦略を踏襲するという考え方がそもそも存在しないのです。

もう一つの理由はトップ・ダウンの戦略策定です。業績が悪くて解任されたCEOの後任の場合は特にそうですが、外部から来たCEOが新しい発想で考える戦略は過去の踏襲ではあり得ません。取締役会もそれを期待してリクルートしたのです。

新しいCEOが全く新しい施策や戦略を実行しようとする場合、前任のCEOのもとで働いていたマネジメントの何人かが退任し、外部からリクルートした新しいマネジメントと入れ替わることも起こります。新しいCEOにとって、自分の施策や戦略を確実に実行し株主の負託に応えるためには、従来のビジネス・プラクティスや考え方にとらわれてしまう可能性があるマネジメントは排除するしかないのです。

こうやって経営陣の多数が新しい人たちになった会社では、経営戦略はもちろんのことコーポレート・カルチャーや社員の考え方まで大きく変化することがあります。こうして

会社名は変わらなくても、経営陣や経営戦略が大きく変わってしまうことがあるのが外資系です。

ミー・トゥー・イズム（Me-tooism）

Me too という英語の表現を知っている人も多いと思います。私も同じですとか、私もそうですといった場合によく使います。英語の単語に「ism」という接尾語をつけると「……主義」という意味になります。ですから「Me-tooism」は「私も同じ主義」、つまり右にならへ主義、すなわち横並びです。

さて、多くの外国人マネジメントは、日本の経営はミー・トゥー・イズムだと評します。これはどうしてでしょうか。実は彼らの目から見ると、言われるまで私たち日本人は気づかないのですが、多くの日本の会社は、あたかも金太郎飴のようにどの会社も同じような経営戦略を持っているのです。

厳しい表現をすると、日本の会社の経営は自主性に欠ける、リスクを取らない、競争相手と異なる戦略よりも他社の戦略をコピーする、と見られています。

具体的な例を言うと、ある会社が海外に工場をつくると、同業の他の会社も同じように海外に工場をつくります。ある会社が海外の会社を買収すると、他の会社も買収に走ります。ある会社が業務を多角化すると、他の会社も同じように多角化をします。ある会社が

合併吸収で会社の規模を大きくすることを始めると、同業の他の会社もそれに続きます。

　そしてこれは営利企業だけではありません。かなり昔のことになりますが、東京の都心にある多くの大学が、一斉にキャンパスを郊外に移転したことがありました。最近は逆に多くの大学が都心に戻る傾向が見られますが、これなどもミー・トゥー・イズムの典型的な事例です。

　経営的に見ると、ミー・トゥー・イズムは他社と異なる戦略を採るよりも安全かもしれません。同業他社の事例は「他山の石」となることもあるでしょう。しかし、海外の企業の買収で、ミー・トゥー・イズムの弊害と思われるケースを最近よく目にします。

　もともと海外の企業をマネージする能力もなくその人材もいない伝統的な日本の会社にもかかわらず、それを経営の上層部が自覚しないまま他社と同じようにＭ＆Ａをした結果、何年か後に、買収した海外の子会社で不祥事や業績不振が発覚し、日本の本社で巨額の損失を計上する、といったようなケースです。

　通訳を介さずに現地の人たちと意思疎通のできる日本人のマネジメント、ビジネスにおける異文化コミュニケーションの経験がある日本人のマネジメントなどの育成やリクルートをしないまま、安易に他社のやり方をまねた、いわば起こるべくして起こったミー・トゥー・イズムの結果です。

　ミー・トゥー・イズムのもう一つの原因は、ボトム・アップによる経営戦略の決定方式

にあります。課長クラスから始まり、多くの段階での検討をへて最終的に会社としての経営戦略となるころには、非常に斬新な戦略、他社と大きく異なった経営戦略はスクリーンされ、石橋を叩くような内容になってしまう傾向があります。

しかし、この方式では、大きな成功は望めなくても、かなりの確実性である程度の成果は予測できます。また、みなで作成し決定した戦略ですから、戦略の成功失敗がＣＥＯの力量に依存する度合いは少なくなります。

外資系の海外にある本社では、トップ・ダウンで経営戦略が決まります。競争相手とよく似た経営戦略を提案するようなＣＥＯは、よほど説得力のある理由がない限り、株主つまり取締役会のサポートを得られないでしょう。

この結果、競争相手と異なる経営戦略が成功するか否かは、ＣＥＯの力量に大きく依存することになります。取締役会が期待したほどの能力がなかったＣＥＯの会社は、経営上の困難に直面するかもしれません。逆に有能なＣＥＯの会社は、同業他社に比べて大きく飛躍することもあり得ます。

外資系の外国人マネジメントは、こういった経営環境のなかで仕事をしているので、日本の会社はどうしてもミー・トゥー・イズムに見えてしまうのです。

外資系と海外に進出した日本企業

外資系は社員に優しくない、経営方針が変わって不要になった職場の社員は即クビになるなど、一般に外資系は人使いが荒いと見られているようです。またマスコミなどからはハゲタカなどと呼ばれて、外資系は資本の論理を優先し、お金のためなら何でもするかのように見られていたこともありました。確かに火のないところに煙は立たずということわざがありますが、このような日本の会社は優しくて外資系はハゲタカ、という大方の見方は本当なのでしょうか。

日本人にとっての外資系とは、日本以外の国に本拠や本社を置き、主要な株主が外国人、外国の企業や組織で、マネジメントも多くが外国人、そして基本的な経営方針は海外の本社が決定する企業です。このような企業は、多くの場合、本国と日本だけでなく他の国でもビジネスをしています。

ということは、前にも述べたように、これは何もいわゆる外資系だけに限ったことではなく、海外のあちこちにビジネスの拠点を持っている日本の企業でも同じことです。このように、外資系のことを考える場合は、日本でビジネスをしている外国の企業のことと同じように、海外へ出ていっている日本の企業のことも考えないと、フェアーな見方ではありません。例えば、東南アジアへ進出している日本の企業は、その国にとっては外資系なのです。

多くの国や地域でビジネスをしている企業の経営戦略を考えてみましょう。日本だけでビジネスをしている会社であれば、日本の拠点を縮小することになれば、それは会社自体を縮小することと同じです。従業員を減らさなければならなくなるかもしれません。

世界のあちこちにビジネスの拠点を持っている外資系はどうでしょうか。ある国では競争が激化して経営が悪化しても、別の国や地域でのビジネスが順調で、会社全体としては業績が上向いていることもあるでしょう。業績が悪化した国でのビジネスは、起死回生策がなければ縮小せざるを得ないかもしれません。

人件費の高騰や為替レートの変化、ビジネス自体の不振などの結果、海外の販売拠点を縮小する、売却する、閉鎖するといった日系の外資系企業のニュースを新聞などでときおり見ることがあります。

現地の人々から見ると、これはちょうど私たちが外資系についてあれこれ言うのとあまり違いません。日本にある本社の経営方針の変更にともない、現地の社員が職を失ったり、店舗や工場などが売却されたり、拠点自体がなくなることなども起こっているのです。

このように、日本から海外に進出している多くの企業は、日本へ進出している外資系と実は同じ立場にある、ということを前提にして判断しないと、一方的な歪んだ見方になってしまいます。

短期間に結果を出す

外資系企業は短期間に成果を求める、日本の会社はもっと長期的な戦略を考えた経営をしていると言われていますが、この見方はあたっているのでしょうか。よく考えると、日本へ来ている外資系企業も、海外へ進出している日系の企業も、実はそれほど大きな違いがないのです。

日本に赴任している外国人マネジメントの多くは、なかにはずっと日本に住んで仕事を続けたいと思っている人もいるでしょうが、ある程度の期間がすぎたら母国に戻るなり、別の国へ赴任したいと考えています。

また、本社の経営陣から見ると、ある期間で一定の成果を出すことを見込んで、その人を日本に派遣したのです。ですから、前提としてある一定の期間内に成果を出すことを求められています。

ただし、一定の期間に成果を求めることは、日本における外資系マネジメントが、将来を考えずに「後は野となれ山となれ」のような経営をすることではありません。成果を求めるというのは、必ずしもその期間に「収穫」を求めることではありません。

例えば、将来を見据えたビジネスの基盤を、一定の期間内に日本において構築する計画であったとすると、その基盤をつくり上げ完成させることが成果です。

そして、つぎに日本に赴任したマネジメントに求められることが、その基盤を有効に活

用して、一定の売り上げを確保することだとすると、それができることが成果です。

このような状況は、外資系だけでなく、日系の外資系企業にもあてはまります。日系の外資系でビジネスを任された現地の日本人マネジメントは、一定の期間内に一定の成果を上げることを本社マネジメントから求められているはずです。その状況を現地の人たちが見ると、日系を含めた外資系企業は、短期間に成果を求めるように映るでしょう。

それとも日系の外資系企業は、海外の拠点の経営においても、日本国内と同じくきわめて長期的な成果を考えているのでしょうか。海外にある店舗や工場の規模を縮小した、拠点を売却した、その国や地域から撤退したなどという、海外に進出している日本企業の最近のニュースを見ていると、どうもそうとは思えないのですが。

現地の人をマネジメントへ登用

この本では、マネジメント上層部のほとんどを外国人が占めている外資系を想定し、日本の会社との比較をしています。ご存知のように外資系にもいろいろあり、すでに述べたように必ずしもすべての外資系がそうだとは限りません。

もう一方の極端として、資本は外資だけれどもマネジメントはすべて日本人という外資系があります。マネジメントにどのくらい現地人、この場合は日本人を登用するかは、当然ながら個々の外資系で異なります。その会社の歴史にもよりますし、本社のマネジメン

トの考えもあります。また、日本におけるマネジメントを託すことができる人材をリクルートできるか否か、これも重要なポイントです。

日本人を登用したけれど、伝統的な考え方に執着して新たな挑戦ができないこともあるでしょう。日本人以外がマネジメントになったら、新たな挑戦をする、斬新な戦略を策定できることはあっても、ことによると現実を反映していない無謀なものになっているかもしれません。

また、日本人以外のマネジメントが多くなったら、中間管理職や一般社員の士気が上がることは期待できないでしょう。後で述べるように、使われ上手の日本人が多くなることもあり得ます。どちらが経営的にいいのか、業種によっても違うでしょうし、いちがいにどちらが好ましいか決めることはできません。

しかし、本社のマネジメントの判断が、その外資系の将来を大きく変える原因になることは確かです。

同じことが海外で企業を買収した日本の会社にもあてはまります。現地の人をマネジメントに加えたら、伝統的なマインドセットを持っていて新たな挑戦をしないかもしれません。逆のケースもあり得ます。かといって日本人ばかりがマネジメントだったら、現地の従業員の士気は上がらない可能性があります。

さらに通訳を介してコミュニケーションをしていると、思わぬ行き違いが生じることも

考えられます。日本における外資系であれ日系の外資系であれ、重要なのは相互の理解であり、そのためには異文化コミュニケーションに配慮することが第一歩です。

外部専門家の活用

日本の大手の会社では、自社のなかにいろいろな分野の専門家を社員として抱えています。例えば新たな事業を行なう場合や、新たな仕組みを導入する場合など、会社の経営戦略とか経営計画については経営企画部といった専門の部署があります。個別の案件ごとに、社内の専門家集団が検討して結果をマネジメントに報告し、会社として決定しています。つまり多くのことを自社のなかで検討して決定する方式です。

外資系は社内に専門家を抱えていないということではありませんが、かなり違うところがあります。それは外部の専門家の積極的活用です。社内の専門家で検討するだけでなく、まず「餅は餅屋」に検討させることがかなりあります。

例えば新たな仕組みの導入を検討する場合、コンサルティング会社などの外部の専門家にまず検討を委ね、その結果をマネジメントが再検討し、必要であれば修正を加えて導入したりまたは断念したりします。社員が持っているバイアスを除く意味でも、日常のビジネスとは無関係な、外部の専門家を加えて検討する価値があると思っています。

しかし、これは経営判断を外部に頼ることではありません。そうではなく、より専門的

な知識や情報を持っている人たちにまず検討してもらい、その結果をマネジメントが審議して必要であれば手を加え、最終的に会社として決定する仕組みです。

なお、日本におけるビジネスの規模がきわめて小さい外資系の場合、専門家を社内にそろえておくことは困難です。小規模の外資系の場合は、マネジメントはよほど注意しないと、外部専門家の意見やコメントを批判的な目で検討できず、そのままで組織として決定してしまうリスクを抱えることになります。

本社は東京都千代田区丸の内

東京の丸の内や大手町には、日本を代表するような大企業や大手の金融機関の本社があります。多くの日本の企業経営者やビジネスパーソンにとって、日本を代表するビジネスセンターとも言うべき丸の内や大手町は、他の地名とは全く違った響きを持つ特別な場所です。大企業だけでなく、ベンチャー企業の経営者にとっても、丸の内や大手町はいつか本社を置きたい場所でしょう。

企業にとっては、単にビジネス上での便利さや有利さだけでなく、優秀な人材を集めるうえでも、丸の内や大手町という本社所在地が効果を発揮します。多くの日本人ビジネスパーソンにとっては、丸の内や大手町は働いてみたいあこがれの場所なのです。

こういった街では、建設されてからそれほど年月を経ていない、まだ十分使えるような

ビルが解体され、新しい高層ビルに生まれ変わり、その結果オフィスの総面積も毎年かなり増加しています。それでも丸の内や大手町のオフィス需要は旺盛です。

一般の国民も、本社の所在地が聞いたこともないところの会社より、丸の内や大手町に本社がある会社の方が、何となく立派で信用できる会社のように感じてしまいます。

外資系はどうでしょうか。もちろん外資系でも丸の内や大手町に日本の本社を置いているところがあります。実は筆者自身も入社してから三十数年、大手町のオフィスで仕事をしてきました。しかし日本の会社に比べると、マネジメントの考え方自体がかなり違います。

まず外国人マネジメントは、一般の日本人が持っている丸の内や大手町といった地名に対する特別な感情や見方が当然ながらありません。彼らにとっては、丸の内も大手町も他と変わらない単なるオフィスの場所であり、ビジネスをするうえで便利か、オフィスのレントはどうかなどがまず気になります。

また、海外の大都市と比べ、東京は公共交通機関が非常に発達していることを知っているので、社員の通勤のことで本社の所在地をあまり気にしないですみます。

外国人マネジメントの考え方のもっとも底に流れているのは、アメリカやヨーロッパでは、日本の国民一般が丸の内や大手町に対して抱くような心情を呼び起こす地名、英語でいうプレスティージアスな地名がほとんどないことです。これはそもそも都市自体でもそ

うです。

日本ではほとんどの会社が本社を東京、それもできれば丸の内か大手町に置こうとしますが、アメリカやヨーロッパでは、世界的に有名な企業の本社が、聞いたこともないような地方都市にあったりします。

ですから、東京にある外資系の日本における本社は、オフィスのレントやスペースなどの環境、ビジネス上での便利さなどをまず考えて、必ずしも日本人一般が思うような場所ではなく、港区や中央区さらに品川区や新宿区など、東京都内のあちこちに散らばっているのです。

まとめ

この章の要点はつぎのとおりです。

† 日本の会社では、社長が退任すると、同じ会社の人が順送りで社長になります。こうやって会社の風土や考え方などが、いいことも悪いことも長く保存されます。

† 外資系では、業績不振で交代する場合など、ＣＥＯが外部からリクルートされることがあります。こんな場合はマネジメントの多くが一斉に代わり、会社名は同じでも経営方針や考え方が以前とは全く違う会社になることがあります。

† 外国人は日本の会社の経営は横並びだと言います。他社と似たような戦略を取

るからです。ある意味これは安全かもしれません。またボトム・アップのやり方では、斬新な戦略は取りにくいのです。

†外資系の本社では、他社と似たような経営戦略を取るCEOは、取締役会の支持を得られないでしょう。また会社業績はCEOの技量に大きく依存しています。

†外資系はビジネスライクに判断する、人使いが荒いと思われています。しかし、海外へ進出した日本の企業も実は同じです。業績の悪化や為替レートの変化などで回復が見込めなければ、その国の拠点を売却したり閉鎖したりするのと同じです。

†外資系は短期間に結果を求めるかのように思われていますが、それは海外に進出した日本の企業も同じです。一定の期間内に経営計画の達成を目指すのです。

†外資系のマネジメント上層部にどのくらい日本人を登用するかは、基本的にその会社の本社の方針によります。有能な人材をリクルートできるかどうかもあります。あまり外国人が多いと、社員の士気にも関係します。これらは海外へ進出した日本の企業も同じでしょう。

†外資系が日本の会社と違うことの一つは、外部専門家の積極的な活用です。社員のバイアスを除く意味でも利用する価値があります。しかし、これは経営判断を外部に頼るのではありません。判断はあくまでもマネジメントです。

†日本を代表する大企業の本社は、多くが東京の丸の内や大手町にあります。それなりの理由があるからです。外資系の日本における本社は、東京でもあちこちに散らばっています。外国では、大手企業の本社もあちこちにあり、外国人マネジメントにとってはそれが普通だからです。

13

外資系の社員教育

日本の会社で起こっているデータの改ざん、偽装、法令違反

日本を代表するような大企業で、データの改ざんや偽装、法令違反などの不正行為があいかわらず続いています。

自動車メーカーのデータの改ざんや法令違反、大手の複数の素材メーカーでのデータの偽装、最大手のゼネコン数社によるリニア新幹線工事の受注談合、走行中に異常な振動や臭いがあったにもかかわらず台車の亀裂が破断寸前になるまで新幹線の運行を継続した会社、原子力発電所の地元の助役から、社長を含む数十人の役員や社員が、高額の金品を長年にわたって受け取っていただけでなく、役員の報酬カットを裏で補填していた電力会社もありました。

さらに改ざんや捏造できわめて多数の不正融資をした銀行や金融機関、搭乗前の検査でパイロットに基準値を超えるアルコールが何回も検出された複数の航空会社、多数の違法な保険販売を行なっていた政府系生命保険会社など、数えあげると本当にきりがありません。これら以外にもいくつかの有名企業で、耐震偽装や会計の不正、架空の売り上げ計上などがありました。

こういったことの多くは、ごく限られた役員や管理職、従業員によるものではなく、マスコミが「会社ぐるみ」とか「組織的」と報道するように、多数の従業員によるものや、

マネジメントみずからが率先して行なっているケースもありました。

さらに、長期間にわたりずっと同じような不正をしてきたという報道が事実であれば、おそらくそういうことにかかわった本人たちだけでなく、他の複数の社員や役員さえもそれを知っていて、さらにそれが非常に悪いことだという意識はあまりなく、従来からずっとそうやっている、前任者も同じようにやっていた、だから今も同じようにやっているという意識だったのかもしれません。

これらの会社は、社員や役員がデータの改ざんや偽装、捏造をおかしいと思わない会社、談合がビジネスの一部になっている会社、社員や役員が法令を絶対に守らなければならないと思っていない企業文化の会社、お題目だけのコンプライアンスを唱える会社、いわば誠実に業務を行なうというＤＮＡを欠いている会社、社長以下マネジメントが内部統制の何たるかを知らない会社、と言ったら言いすぎでしょうか。

思うに現在の部長や課長などの中間管理職や、ことによると執行役員や取締役などのマネジメントも、そういった不正を不正と思わない企業文化のなかで課長になり、部長になり、役員になってきたのかもしれません。

これは恐ろしいことです。経済の分野に限っても、日本の製品やシステムは高品質で安全というブランド、日本にとってもっとも貴重な財産を危うくする、きわめて深刻な問題ととらえるべきでしょう。

ルート・コーズ（根本原因）の究明は難しい

マスコミもデータの改ざんや偽装、法令違反などについてはにぎにぎしく報道するものの、その後、どのように原因解明をしてどんな再発防止策を策定したか、どのような人事処分が、どのレベルの何人の社員や役員に課されたかなどについてほとんど報道していません。これは国民もマスコミも、そういったことにあまり関心がないからでしょう。

改ざんや偽装、不正行為の本当の原因、すなわち原因の原因（ルート・コーズ、Root Cause、根本原因）の解明と分析、ルート・コーズとなっていることの修正・廃止・排除を含む再発防止策の策定と実行、実行した結果のフォローが日本の会社でどのくらい行なわれているのでしょうか。

表面的かつ直接的な原因、英語で言うプロクシメット・コーズ（Proximate Cause）を見て再発防止策をつくるので、ルート・コーズはそのまま残り、その結果二度三度同じようなことが起きてしまうのではないでしょうか。

これは別の面を見ていてもわかります。ルート・コーズを探し出して、それを変えたり除去したりすることで再発を防止できる可能性が高まりますが、そのためには時間もかかります。

さらに何よりも会社の中枢の人たち、つまりシニア・マネジメントの考え方や会社の経

営方針そのものを大幅に変更しなければならなくなることさえあります。

すなわちシニア・マネジメントの考えや会社の経営方針自体に問題があり、それが根本原因、つまり真の原因であることもあります。

ルート・コーズを解明し、会社のシニア・マネジメントの考え方や経営方針の変更を含むような、実効性のある再発防止策をつくるためには、シニア・マネジメント全員をまきこんだ、非常に長い時間がかかる社内での議論と意見や見方の集約が必要です。しかし、多くの場合、中立かつ公正な再発防止策の策定という名目で、第三者機関と呼ばれる機関を立ち上げ、短期間に表面的な原因の同定と再発防止策の策定を行ない、それをマスコミなどに発表しているように見えます。

これがもし事実であれば、現在多くの日本の会社で行なっているような原因究明と再発防止策では、本当に再発を防止するのはきわめて難しいでしょう。

社員とマネジメントの継続的教育

前述のような報道を受けて、日本の会社における社員や役員の教育、とりわけ行動規範やコンプライアンスなどのもっとも基本的な教育はどうなっているのか、と気になるのは筆者だけではないでしょう。

新卒を大量採用して一人前の社員に育てる、日本の大手企業の社員の教育プロセスやカ

リキュラムには、データの改ざん、偽装、談合、法令違反や社内規程違反など、唖然とするようなことを防止するために、どのようなことが盛り込まれているのでしょうか。

外資系で見るような、社員とマネジメントに対する体系的な教育を継続的に行なっていても、不正行為が起こることを百パーセント防止することはできません。

日本の大手企業の最近の事例を見ていると、役員として社員として守るべきもっとも基本的なことについて、継続的に来る年も来る年も、役員および社員を教育していないのではないか、と思いたくもなります。

何かことが生じると、そのときだけ社長が各地の事業所や支店を回って社員に訓辞したり、役員から指示をしたり呼びかけをしたり、会社から通達を出したりするだけならば、同じようなことが再び起きる可能性が大きくなるのは当然でしょう。

さらに、不正を行なった一般の社員、課長、部長、役員などの懲戒処分（人事処分）はどうなっているのでしょう。不正行為が明らかになった会社の社内規程では、どのような場合にどのような懲戒処分があるか、明確に規定しているのでしょうか。

懲戒処分の詳細について、何回も何回も継続的に役員と社員を教育し、最悪の場合には解雇もあり得ることを事前に何回も知らしめていないと、人事処分をすることそのものや、処分の程度や重さに会社として躊躇が出てくるはずです。

どういうことをすればどのような処分、例えば厳重注意、訓告、戒告、減給、出勤停止、

懲戒解雇などがあるか、あらかじめ社員や役員に繰り返し教育して知らしめているからこそ、実際に不正行為が生じた場合には、厳正な処分が可能となります。

処分される社員や役員などの立場から考えても、繰り返し教育を受けていないなかで、ある日突然重い懲戒処分があれば、その処分は適切妥当とは到底思えないでしょう。

ウィスル・ブローイング

誠実に業務を行なうというＤＮＡを欠いた会社のウィスル・ブローイング（Whistle-Blowing、内部通報制度）はどうなっているのでしょうか。

これらの不正行為に多くの社員が関係しているということは、不正行為が行なわれていることを気づいている社員も多数いたはずです。彼らは見て見ぬ振りをしていたのでしょうか、それはどうしてでしょうか。

ことによると、彼らは、マスコミでときおり報道される、善意の通報者が人事上で不利な取り扱いを受ける、報復を受けるような事例を知っていて、それで何もしなかったのかもしれません。

社員がウィスル・ブローするのは、その会社のマネジメントを社員が信頼している場合です。信頼できないマネジメントの会社でウィスル・ブローをすれば、後で仕返しを受ける、自分に不利な人事上の取り扱いを受けるリスクがあることを社員は知っています。

ウィスル・ブローイングとマネジメントの信頼は相関しています。

一方外資系の海外における本社では、世界中のグループ会社の社員だけでなく、マネジメントも対象とした体系的・統一的な教育プログラムをつくり、最近ではイー・ラーニング（e-learning、イントラネットを使った教育・訓練）を通じて社員やマネジメントを教育し、不正行為や無知による事故の防止を図っています。

また、社員からのウィスル・ブローイングに対応するために、外部の第三者を含めいくつかの通報手段やルートをつくり、それを繰り返し社員に知らせ、ウィスル・ブローイングを躊躇しないよう呼びかけています。

会社は、ウィスル・ブローをした社員に対するいかなる報復も絶対に許さない、人事上で不利益なことは絶対にしない、ということも繰り返し社員に知らせています。

不正行為や無知による企業価値の下落は、株主を始め多くのステークホルダーに大きな影響を与えます。このため、外資系の本社のマネジメントとしては、取締役会（ボード）によって解任されることがないよう、そういったことを絶対に防がなければならないのです。

一方日本では、株主の代表たる取締役と会社の業務を執行する役員が同一人であることが多いため、外資系のＣＥＯやその他のオフィサーとそもそも意識が違うのかもしれません。

何を教育するか

外資系におけるもっとも基本的な教育は、コード・オブ・コンダクト（Code of Conduct、行動規範）です。コード・オブ・コンダクトには、会社としての基本的な方針、社員やマネジメントとしてしてはならないこと、しなければならないこと、およびその理由などが記載されています。分量は通常二十ページから三十ページくらいにもなります。

取り上げる項目は会社により異なりますが、インテグリティ（Integrity、誠実に会社の業務を行なうこと）は、社員やマネジメントすべてが守らなければならない、もっとも基本的かつ重要なことです。

分厚いコード・オブ・コンダクト自体を社員やマネジメントに渡して読むように指示しても、実際にはほとんど誰も読まないでしょう。そこで、具体的な例を入れたり、簡単なクイズ（質問）をはさんだりすることで内容を具体的にわかりやすくし、二十分程度の教育資料にして、年一回来る年も来る年も、継続的に社員やマネジメントを教育しています。具体的な例を入れた多様なクイズを出して、全問正解しないと教育を受けたことにはならない場合もあります。また、一定期間内にすべてを終了しないと、本人の上司にその旨連絡がある仕組みになっていることもあります。

定期的継続的な社員やマネジメントの教育は、コード・オブ・コンダクトだけではあり

ません。コンプライアンスはもとより、インサイダー取引の禁止や独占禁止法の遵守、談合の禁止などのビジネスに関係する法律、ウィスル・ブローイングの奨励や通報の連絡先、ウィスル・ブローをした社員に対する会社や他の社員・マネジメントによる報復の禁止などについて社員やマネジメントの教育をしています。

コード・オブ・コンダクトやこういった法令・社内規程に違反した場合には、もっとも重いケースでは解雇もあり得ることも教育のなかに入っています。さらに、教育の分野はこれらだけでなく、例えばＢＣＰ（Business Continuity Program、事業継続計画）や個人情報保護、サイバーセキュリティなどにまでおよぶことがあります。

このように、外資系のトップ・マネジメントは、企業価値の下落を防ぐためにさまざまな方策を実行しています。

外資系のトップ・マネジメントが、このようにコード・オブ・コンダクトやコンプライアンス、関係する法令からサイバーセキュリティに至るまで、広範な分野について社員やマネジメントの教育を継続的に実施する理由の一つが、この本の別のところでも触れていますが、アメリカなどにおける、取締役とＣＥＯやオフィサーなど業務を執行するマネジメントの分離です。

不正行為や事故による企業価値の下落がもしあれば、前述のようにＣＥＯは取締役会（ボード）によって解任されてしまうことがあり、それを防ぐため、つまり極言すれば自己

の地位の保全を図るためにも、継続的に社員やマネジメントを教育することになります。

また、不正行為などをした社員やマネジメントは、繰り返し行なっている教育のなかで知らしめているように、不正行為の内容や程度により、最悪は解雇も含む人事処分を受けているのです。

また、会社によっては、当該社員の名前などがわからないようにして、不正行為の例や人事処分の概要を年一回社員に知らせ、再発防止の一つの材料にしていることもあります。

一方日本の会社では、取締役と業務を執行する役員が多くの場合同じです。このため、外資系のような取締役会（ボード）によるＣＥＯの解任といったことは、よほどのことがない限りありません。ほとんどの場合は辞任です。

そして辞任することになった場合でも、自分の息のかかった人たちを後任の社長や役員に据えることもあながち不可能ではないでしょう。この本の別のところでも記したように、若手の役員や部長クラスにとっては、シニア・マネジメントの辞任は実質上昇進のチャンスです。

しかし外資系の本社などでは、ＣＥＯが解任されると、その下にいる何人ものシニア・マネジメントが辞任し、外部から来た人と入れ替わることも起こります。

報道されたデータの改ざん、偽装、談合その他の不正行為は、素材メーカーと自動車メーカー、ゼネコンや金融機関などが中心ですが、他のメーカーや金融機関、その他の会

社ではどうでしょうか。

上場企業の社長のうちどのくらいの割合の人が、このようなことを防止するために、体系的な社員とマネジメントの教育を、来る年も来る年も繰り返し行なっている、と自信を持って言えるのでしょうか。

見たところ、社員やマネジメントの体系的・継続的教育においては、日本の会社と外資系ではきわめて大きな違いがあるようです。

PDCAサイクル

この本を読んでいるみなさんの多くはすでにお気づきのとおり、体系的かつ継続的な社員やマネジメントの教育だけでは実は不十分です。それは、ビジネスにおける非常に重要な事項、すなわち日本のビジネスパーソンの多くが好んで使う言葉、PDCAが欠けているからです。

社員や役員の教育から始めて、P（Plan、計画する）、D（Do、実行する）、C（Check、結果を評価する）、A（Action、改善する）のサイクルを回し続けることで、より質の高い経営ができる、つまりデータの改ざんや偽装、不正行為などを防止できる可能性が高まります。

教育の結果を評価し、より効果的な教育とその結果のモニターにつなげるサイクルを継

続的に実施する、これが重要なのです。

ところで、日本人の多くは、ＰＤＣＡ（Plan, Do, Check, Action）は英語だと思っています。しかし、英語ができる日本人の多くが経験したことですが、外国人マネジメントに対してＰＤＣＡと言っても、彼らは何のことかわからず怪訝な顔をしています。筆者も何回かそういう場面に出あいました。Plan、Do、Check、Action と言いかえても、表面的には理解したような表情をしますが、本当にわかったようには見えません。

その理由は、ＰＤＣＡはそもそもアメリカなどから輸入した用語ではなく、日本人が日本で使い始めた用語だからです。横文字はすべて輸入品という日本人の先入観の典型です。

まとめ

この章の要点はつぎのとおりです。

†日本の大企業、有名な企業での不祥事や不正が続いています。長い間続いてきたのであれば、現在の役員もそのなかで昇進してきたことになり、いわば誠実に業務を行なうというＤＮＡを欠いている会社です。これは日本の製品やシステムは高品質で安全という重要なブランドを危うくすることです。

†不祥事や不正の根本の原因を究明するには時間がかかります。マネジメントの考えや経営方針の変更が必要になることもあります。しかし根本原因を修正除

去することで再発を防ぐことができます。日本では通常第三者委員会という名前で委員会をつくり、短期間に再発防止策をつくります。これでは再発を防ぐことが難しくなります。

†社員やマネジメントに対する行動規範やコンプライアンスの教育は、日本の会社ではどうなっているのでしょうか。一過性の教育や指示はほとんど効果がありません。継続的な教育により不正や不祥事を減少させることができます。

†外資系では、社員に対してウィスル・ブローイング（内部通報）を奨励しています。通報に対する報復や人事上の不利益は絶対に行なわない、と社員に繰り返し知らせています。マネジメントの言うことが信頼できなければ、社員は報復人事を恐れて通報をしないでしょう。

†外資系では、マネジメントや社員に対し、行動規範を繰り返し教育しています。行動規範には、会社の基本方針、マネジメントや社員としてしてはならないこと、しなければならないことなどが記載されています。教育は、独占禁止法の遵守、個人情報の保護、事業継続計画などにもおよびます。

†ＣＥＯは不祥事や不正で企業価値が下がり、取締役会で解任されることを防ぐためにも、こういった教育をすることになります。一方日本の会社では、取締役と執行役員の兼任が多いので、そういう危惧は少ないのかもしれません。辞

任しても、息のかかった後輩を後に据えることもあり得るでしょう。

†教育だけでは不十分です。ＰＤＣＡつまり計画、実行、結果の評価、改善、のサイクルで効果が表れます。なお、ＰＤＣＡは日本でできた言葉です。

14

外資系の人事異動

人事部門の役割

日本の会社と外資系では人事部門の役割がかなり違います。日本の会社では、前の方で述べた新卒や中途採用のための面接、さらに採用不採用の決定において人事部門が中心的な役割を演じます。

採用された社員が配属される部門の部門長は、採用にかかわることはほとんどありません。新卒社員が配属された部門の部門長は、その社員の面接にさえ参加しないのが普通でしょう。

さらに、人事部門は新卒の採用だけでなく、人事制度や福利厚生、人事考課や社員の能力アップ、年金や社員の個人情報などきわめて広い範囲を担当しています。社員にかかわる膨大な情報も集まってきます。

外資系においては、人事部門の役割はかなり限定的です。採用を例に取ると、社員を採用する部門がある場合、その部門長などとの面接の手配や事務的なこと、手続き的なことは当然担当しますが、新卒採用を別にすれば、人事部門が中心になって採用不採用を決めることはありません。

人事部門の基本的な役割は、給与や処遇、福利厚生やワーク・ライフ・バランスなど、人事制度やいわゆるヒューマン・リソースにかかわる基本的な枠組みを構築し、マネジメ

ントの承認のもとにそれを実行することです。
社員一人ひとりの給与も、基本的な給与の枠組みのなかで、それぞれの部門長が決定することがあります。ボーナスも、その社員の業績評価にもとづいて、会社としての枠組みのなかでそれぞれの部門長が決定します。

さらに外国の制度をそのまま日本に持ち込んで、部門単位に年間の人件費総額を決め、社員の給与やボーナスを、その総額のなかで部門長が比較的自由に決める外資系の会社もあるようです。

日本の会社では、会社のすべての部門について、人事部門が社員の数を管理していると聞きます。外資系では、ヘッドカウント・コントロール（社員数の管理）も、担当のオフィサーやそれぞれの部門長の責任にしているところが多いようです。

部門や分野を拡大することをマネジメントが決定すると、必要な数の社員をリクルートするのも担当のオフィサーや部門長ですが、逆に縮小する場合には、社員の数を減らすのも彼らが中心になって行ないます。

外資系の人事異動

日本経済新聞の「私の履歴書」という連載コラムはその典型ですが、いろいろな人の半生を記したコラムを新聞などで目にすることがあります。ビジネス関係の人も多いのです

が、印象的なのは、何人かの人が、会社人生のなかで今までの経験や経歴とはほとんど関係のない部門へ、突然異動を命じられたことがあることです。

入社後それほど年数がたっていない場合は、いろいろな分野を経験する意味でも、今までとは全く関係のない部門に異動することは考えられます。しかし、入社以来長い間ずっと営業分野にいた人が、突然営業とは関係のない本社部門の部門長に異動するなど、課長や部長クラスになってから、全く異なる部門の長に異動することが結構あるのは日本的な現象です。

つまり日本では「会社」と雇用契約をしたので、入社した後はどんな「職務」であれ会社の業務命令にしたがい、人事異動をすることになります。

外資系の企業では、経験や専門知識のない分野の部門長に突然異動することはまずありません。そもそも経験や知識のない分野のヘッドになった場合、どのようにしてその分野の経営目標を達成できるのだろうか、と考えるのが外国人マネジメントです。

担当する部門について経験や知識のない人が部門長になった場合、どうやって部門長としての権限を行使できるのか、もし行使したらそれは会社にとってきわめて危険なことではないか、といった発想を彼らは持ちます。

ですから、その部門が担当する範囲にかかわる経験や専門知識、それにもちろんリーダーシップのある人が部門長にアポイントされるのが通例で、素人が部門を率いることは

想定外です。

したがって、例えば欧米の取引先の人を相手にして、自己紹介のなかで「過去ずっと営業でやってきて今は事務管理部の部長です」などと言おうものなら、相手から見ると、いったいこの会社はどうなっているのだろう、という疑問がまず浮かんできます。外国人にはにわかには信じがたいことです。

というのも、そもそも欧米においては、ある「職務」について会社と雇用契約をする、すなわち就「職」するのであって、どんな職務であれ会社の命令にしたがって仕事をすることにはなっていないからです。

日本的に見れば、人事異動は会社の業務命令で、それにしたがわないことなど考えたこともないのが普通です。また部門長はいわば神輿に乗っている人で、神輿を支えている課長やその他の社員がたくさんいる、その人たちがあらゆることをお膳立てする、つまり部下が支えているので、その部門の素人が部長になっても問題は生じないことになります。

組織として動く日本の会社と個人として動く外資系の違いとも言えます。

外資系の会社では、人事異動は異動対象となる本人の経験、専門知識やスキルに関係する分野のなかで行なわれるのが一般的です。営業関係であれば営業分野のなかで、経理関係であればその分野のなかでの異動です。本人はそういった分野で経験を積み、専門知識を磨き、リーダーシップを身につけて昇進してゆくことになります。

中途採用

日本では「中途採用」という言葉をよく聞きます。これに対応する英語は、辞書によれば mid-career recruitment とか mid-career hiring などと呼ぶようですが、筆者は今までの仕事のなかでこういった英語をあまり聞いたことがありません。

というのは、そもそも海外では中途採用自体が一般的で、年一回新卒を大量採用して社内で教育する日本式のやり方とは異なるため、とりたてて「中途」という言葉を加える必要性がないのです。

もちろん新卒を採用しないわけではありませんが、必要なときに必要とする人材を外部からも求める、というケースが日本の会社に比べて圧倒的に多いことは確かです。

採用にあたっては、まず職務の内容や必要性について検討し、本当に必要であれば年度の途中でも採用します。すなわち通年採用です。日本の会社では、欠員が生じた場合でも、次年度の新卒採用まで待って補充するのが一般的です。

採用のプロセスもかなり違います。中途採用の際でも、日本の会社ではおもに人事部関係者が面接を行ない採用の是非を決めるようですが、外資系の会社では、人材を必要とする部門の部門長が中心となって、人事部長なども含む何人かの人が個別に面接を行ない、採用する部門の部門長が全体の評価を総合して最終的に採用するか否かを決めるのが一般

的です。

部門長クラスの採用においては、その部門を担当する、すなわちその部門の業績に責任を持っているオフィサーが中心となり、採用するか否かを決めます。一人の応募者に対して、担当のオフィサーを含め最終的には数名が個別に面接することも稀ではありません。

このようなやり方は、どのような人材を必要としているのか、その詳細を知っているのは採用する部門長や担当オフィサー自身であり、また採用する部門長や担当オフィサーが部門業績に責任を持っている。したがって、人事部ではなく業績に責任を持つ部門長や担当オフィサーが採用するか否かを決める、というものです。

若い人材の抜擢

日本の会社と外資系で異なることの一つに、若い人材の抜擢があります。年功序列のもとでは、若い人材を抜擢しようにも、そのプラスとマイナスを勘案し、多くの場合マネジメントはやはり躊躇することになります。年齢はマネジメントにとっても、また部門長や一般の社員にとっても大きな関心事です。

しかし、年功序列ではない外資系では、そんな心配はいりません。そもそも外資系のマネジメントの考え方は、専門知識・スキル・経験・実績などから見て、その職分を果たすことができる人だと見たからアポイントしたのであって、そこには若い人の「抜擢」とい

う気持ちはなく、通常の人事をしている意識です。つまり「若い人材の抜擢」は多分に日本的な見方なのです。

日本の会社か外資系かを問わず、年功序列であると否とを問わず、一般的に長い間勤務することで経験が豊富になります。スキルを磨くこともでき、専門知識も多くなります。

また、誰しも自分より年齢が下の人にあれこれ指図されると、あまり心地よいものではありません。すなわち職位の上下や指揮命令を考えると、年齢はやはり重要な要素であることは確かです。それにもかかわらず、外資系ではかなり若い人が部門長やマネジメントの一員になっていることが多いのはどうしてでしょうか。

背景の一つは、年功序列ではない会社の仕組み、すなわち中途採用で横から入ってくる人たちが多数いる会社であること、そしてその結果、それを特に問題視せずに受け入れてしまう社内の素地ができていることです。

素地ができていれば、後はその人事異動を決める仕組み、すなわちマネジメントの責任や権限、人を見きわめる能力の問題です。例えば、人事委員会などで何人かが集団として人事異動を決めるのであれば、反対の少ない人になるケースが多くなるでしょう。

一方外資系では、レベルにもよりますが、その分野に責任を持つマネジメントが、その責任で決定することがあります。もし人事委員会などで決定する仕組みになっていても、担当するマネジメントの意見が強い影響力を持っているのが普通です。

結果として、他人はどう見ようが、もっともふさわしいと考える人をアポイントすることになります。そして予定していた結果が出なければ、その人をアポイントしたマネジメントの責任にもなります。

日本的な集団としての責任か、外資系的な個人の責任かの問題と言うこともできます。

外資系と海外勤務

大手の外資系であれば、おそらく世界のあちこちにオフィスがあり、そこへ転勤することができるかもしれない、だから外資系の会社に就職すれば日本の会社に比べて海外で働ける可能性が高い、と考えている人が今でもいるようです。

その昔、日本の会社の海外進出がそれほど多くなかったころは、外資系に入るとそういった海外勤務もかなりあったかもしれません。ところが今では非常に多くの日本の会社、それも大企業ばかりではなく中小の会社まで海外に進出しています。このような状況では、もし海外で働きたいのであれば、外資系よりも日本の会社の方がかえってチャンスが多くなります。

なぜそうなのでしょうか。考えてみればこれはごく当たり前のことです。世界各地でビジネスをしている会社を考えてみましょう。例えば、日本でビジネスをしている海外の企業（これを私たちは外資系と呼んでいます）の従業員はほとんどが日本人で、最近は一般

の社員のなかに日本語ができる外国人がかなり増えてきましたが、それでも外国人はおもにマネジメント・クラスです。

　同じように、例えばインドネシアでビジネスをしている場合、その従業員のほとんどはインドネシアの人たちです。ヨーロッパであれ中南米であれ、どこの国や地域でも同じで、従業員はほとんどがその国や地域の人たちです。これでおわかりのとおり、外資系に就職しても必ずしも海外に行けるチャンスが高くなることはありません。一般の社員を海外へ転勤させる理由がないのです。

　反対にむしろ海外展開をしている日本の会社の方がチャンスはずっと多いでしょう。外資系でしかも日本以外の国や地域で働きたいのであれば、日本で外資系に就職するのではなく、もちろん英語がかなりできないとだめですが、その外資系の本社で就職することです。そうすれば世界各地で働けるチャンスが出てきます。

社員の定年制

　日本でも、最近は定年の延長とか再雇用といったことを見聞きしますが、結果としての現象面だけをとらえると、それは外資系でもほとんど同じです。

　しかし雇用主側つまりマネジメント・サイドの基本的な考え方に少し違うところがあります。

外資系のマネジメントの基本的な考えは、社員が定年で会社を去るのは会社のルールだが、定年の年齢になっても会社にとって有用な人たち、会社にまだまだ貢献できる人たちまでが、定年で一律に機械的に会社を去るのは会社にとってどういう意味があるのだろうか、会社が望み本人も望むのであれば、いちがいに定年で該当者全員が会社を去らなくてもいいのではないか、と考えます。

もちろん雇用の問題は非常に複雑で、例えば人件費コストはどうなるか、社員のモチベーションは上がるかなど、一刀両断に片づけることはできませんが、ここでのポイントは、マネジメントの基本的な発想の原点がどこにあるかです。

会社にとっては何がベストか、株主を中心とするステークホルダーから見た場合に、どのようにするのが一番好ましいのかという見方です。したがって、一律機械的な退職が会社にとってさらにはステークホルダーにとって好ましくないのであれば、どうしたら好ましい状況をつくることができるか、その方向に向かって現状を変えていこうと考えるのが外資系のマネジメントの態度です。

推測するに、日本の会社の日本人マネジメントもこのような考え方を持っているけれども、年功序列を基本とした雇用の問題は一筋縄ではいかないため、外資系の外国人マネジメントと同じような対処ができないのかもしれません。

社員の平均年齢

日本の会社の会社概要やアニュアル・レポートを見ると、社員の平均年齢や平均勤続年数が載っていることがあります。また、平均年齢の上昇は企業にとって好ましいことではないかのごとく報道されています。その理由は、簡単に言えば生産性の向上とはリンクしない人件費コストの上昇を招くことになる可能性があるからです。

しかし、考えてみると、終身雇用と年功序列の賃金体系があるからこそ、平均年齢の上昇が人件費コストの上昇につながるのです。別の言葉で言うと、新卒を一括採用して純粋培養し、定年まで会社が面倒を見る仕組みや風土、つまり仕事の内容や責任にリンクするのではなく、社員の年齢や勤続年数にリンクした給与体系をほとんどの会社が持っているからそうなるのです。

さらに別の言葉で言うと、社員一人ひとりにリンクした給与体系だからそうなるのであって、これがもし仕事や職務、つまり人ではなくて椅子にリンクした給与体系であれば、平均年齢の上昇は必ずしも人件費コストの上昇には結びつかないことになります。さらに、そもそも社員の平均年齢自体があまり意味を持たなくなります。

外資系ではどうでしょうか。日本にある外資系の会社の会社概要やアニュアル・レポートに平均年齢や平均勤続年数が載っていたら、おそらくその会社は、外資系ではあるものの経営がきわめて日本的な会社か、またはその業種を対象にした法令や規制で平均年齢な

どを開示しなければならないために記載しているかのいずれかです。
ちなみに外資系の海外にある本社のアニュアル・レポートを見ると、社員の平均年齢が載っている会社はまずありません。アニュアル・レポートを読む人たちにとって、社員の平均年齢や勤続年数はほとんど意味がないのです。

まとめ

この章の要点はつぎのとおりです。

†日本の会社の人事部門は、社員の採用から配属、給与体系から福利厚生、社員情報など守備範囲は広汎です。外資系では、例えば社員の採用は、採用する部門のマネジメントが中心になって決定します。給与も部門長が与えられた枠のなかで一定程度決定することがあります。

†長い間同じ部門で働いてきた人でも、今まで経験したことのない他の部門へ移ることがあるのが日本の会社の人事異動です。外資系では、それぞれの分野の範囲内で異動するのが一般的です。いわば就「社」するのが日本の会社、就「職」するのが外資系です。

†中途採用が一般的なアメリカなどでは、そもそも「中途」採用という英語をあまり聞きません。必要なときに採用する通年採用です。採用時には、必要とす

る部門長が中心になって面接し採否を決めます。

†年功序列の会社では、上司は通常年齢が上の人です。外資系では、年齢よりもスキルや実績、経験です。社員も年齢をあまり気にしません。中途入社が多いのも理由の一つです。人事異動の決定も、その部門を担当するマネジメントなどの意見が強い影響力を持っています。

†海外で働きたいのであれば、日本で外資系に就職するより、海外展開をしている日本の会社の方がチャンスは多いでしょう。どこの国であれ、外資系の社員はその国の人が多いからです。

†外資系のマネジメントは、ステークホルダーの観点から、定年はどうあるべきか考えます。定年になった社員が知識や能力、働く気があり、会社もそれを望むのであれば、継続して働いてもらうにはどうしたらいいかです。日本の会社のマネジメントも同じような考えをしているのではないでしょうか。しかし問題が大きいので徐々に動くしかないのでしょう。

†社員の平均年齢の上昇は企業にとってコストの増加になる、これは年功序列で人にリンクした給与体系だからです。人ではなく職務にリンクした給与であれば、平均年齢自体が意味を持たなくなります。

15

課長に直接コンタクトするマネジメント

相手の呼び方

最近は変わってきたようですが、日本の会社では、上司の名前を呼ぶときに何々部長、何々課長などとタイトルをつけて呼ぶことがまだかなり行なわれているようです。ことほどさように上下関係がはっきりしています。

外資系ではどうでしょうか。外資系でも日本人同士で日本語で話す際には、やはり日本的なタイトルをつけた呼び方を聞くこともありますが、何々さんなどと呼ぶ方がより一般的になっています。

しかし外国人マネジメント同士の話のなかでは、ファースト・ネームで呼ぶのが一般的です。ミスター何々などと呼ぶのは、社長や会長などよほど上の方の、それもごく限られた人を指す場合だけです。

この結果、日本人にとって困ったことになることがあります。例えば会議などで、トムがこう言った、ジェフがああ言った、ビルがこうしたなどという会話になることがよくあり、さらに会社のなかにはトムやジェフなどというファースト・ネームの人が一人だけではないことがあります。さらに、日本人は相手のファースト・ネームではなく、苗字つまりファミリー・ネームで覚えているのが普通です。

このため、トムとかジェフと言われても、誰のことを指しているのか一瞬わからず、そ

うこうしている間に議論がどんどん進んでしまう、という悲惨な状態になることさえあります。

名前ではありませんが、日本人にとって苦手な英語の一つが数の呼び方です。ビジネスでは、売上高が（日本的に言うと）何百何十何億円とか、経費が何十何億何千万円といった話になることがよくあります。

問題は、それを英語で喋られると、私たちは頭のなかで日本語の数字、例えば何百何十何億円のような数字に変換しようとしますが、その間に議論はさらに進んでしまうことがあります。

こんな場合に必要なことは、できる限り早く千、万、十万、百万、千万、一億、といった日本式の位取りを卒業して、三桁ずつの位取りつまり thousand、million、billion、trillion に慣れることです。慣れてしまえば one million Yen と聞くと 1,000,000 円、five hundred million Yen と聞くと 500,000,000 円、ten billion Yen といえば 10,000,000,000 円といった数字がすぐに頭に浮かぶようになります。

上司に対する遠慮、謙虚さ

日本人は一般に自己主張の強い人を好まず、それよりも遠慮がちの人を慎み深いなどと言って好みます。

このような現象が会社でも見られて、多くの社員は上司の前では遠慮がちになり、アルコールでも入ったときなどは少しリラックスすることもありますが、普通は言いたいと思っていることの何分の一しか口に出さない人が多くいます。これは、先述のホモジニアスな均質性の高い社会における現象の一つです。

自分の言いたいことや主張することを具体的に口に出して伝え、相手に理解してもらわないとコミュニケーションが成立しないヘテロジニアスな社会では、慎み深くて言うべきことも言わないような人は、なかなか他の人に理解してもらえません。この結果、必然的に自己を主張するようになります。

そして、会社の上司との間でもあまり遠慮をせず、自分が言うべきと思ったことを相手に言うようになります。それで初めてコミュニケーションができるのです。彼らは、直属の上司だけでなく、かなり上の方のマネジメントとの間でも、遠慮がちとはとても思えないきわめてフランクな話しぶりです。トムやジェフやビルといった、ファースト・ネームでおたがいに呼び合うこともそれを助長しているのでしょう。

上層部の人も、それに対して不快な様子を示しません。しかし、同じことを日本人の間でやったら、その人は多分奇異な目で見られるでしょう。

上司だけでなく、年長者に対する遠慮も、日本人と欧米人などではかなり違います。日本人は相手の年齢が自分よりかなり上と見た場合には、一般的に遠慮がちな態度で接しま

す。日本語も、それに対応して尊敬語、謙譲語、丁寧語など、同じことを言うのにいろいろな表現や単語があります。

しかし欧米人を見ていると、年齢の違いを気にしている様子はあまり見られません。自分よりかなり年齢が上のしかも会社の上層部の人と、私たちから見ると非常に率直に話しているのを外資系にいるとよく見ます。

課長に直接コンタクトするマネジメント

こういった社内の状況でわかるように、外資系の会社では、日本的な上下関係の観念はないか、あっても非常に希薄です。一方日本の会社では上下関係をかなり気にします。

気にするだけでなく、下の方の職位の人が、自分の直属の上司を飛び越してさらに上の人に何ごとかを報告するとか、直属の上司より上位の人からの問い合わせに対して直接回答する、などということはいわば想定外のことです。上位の人も、直属の部下をさしおいて、さらに職位の下の人に直接何ごとかを聞くことは、おそらく自分の会社人生でもあまりないことでしょう。

しかし外資系では、直属の部下を飛び越して、さらに下の人に直接聞くことも、直属の部下が不在のときに限らず、下の人がその件についての直接の当事者である場合など、かなり頻繁にあることです。また聞かれた人も特に違和感なく回答しています。

こんなときに便利なのがメールのＣＣです。マネジメントに対する返事のメールのＣＣに自分の直属の上司を入れておくと、自分の回答は直属の上司にも伝わります。

一般的に、マネジメントが何ごとかを知ろうとする場合、時間的に余裕がなく、できる限り早く知らなければならないことがよくあります。そんなときには、外出中の担当の部長が帰社するまで待っているのではなく、どうにか必要な情報を早く入手しなければなりません。

また、詳細な情報を知らなければならない場合には、例えば担当の課長の方が実務上の詳細を知っている場合があります。そこで外資系では、マネジメントが課長クラスまたはその下の社員に直接連絡することがあるのです。

前述のように、外国人マネジメントが職位の上下をあまり気にしていないこともその背景の一つです。外資系のマネジメントや社員の一般的な考え方は、どうしたらもっとも早く必要なデータや情報を入手できるか、誰に連絡したらもっとも効果的かということで、組織や職制から外れた連絡をすることに強い違和感はありません。

外資が日本の会社を買収することがありますが、その外資の日本における本部や本国にある本社と、買収された結果グループに入った日本の会社との間のコミュニケーションはどうなるでしょう。

日本の会社の課長やそれ以下のクラスの社員にとっては、直属の上司を飛び越した上の

方から、それも社内ではなく、外資の日本の本部の人から直接連絡を受けるなどということは、今まで経験したことのないまさに青天の霹靂です。こんな場合、よく見る彼らの反応や返事は、簡単に言えば婉曲な断りです。至急知りたいと言うとやっと教えてくれます。

しかし、後で本人の上司から連絡がきて、今後は部下に直接聞かないようやんわりと釘をさされることがあります。こういった序列を非常に重要視し、組織や指揮命令系統を優先してコミュニケーションをすることは、外国人マネジメントにとってはわかりにくいことです。

グループに入った日本の会社のなかでどのようなことが行なわれているのか、何が問題なのかなど、外資の日本における本部や本社のマネジメントが現状を知ろうとする場合でも、前述のような困難があります。

課長クラスにメールで質問しても、なかなか正直に返事をもらえません。ましてコメントや意見を彼らに直接聞こうとしてもまず不可能です。個人的な見解でいいからと言っても、彼らはほとんど何も教えてくれません。上司の許可を得ずに指揮命令系統を外れたやりとりをすることはできないのです。

上司の前で自由に発言しない社員

社内の会議などでの議論や発言を見ていると、外資系の会社の社員と外資が買収した日

本の会社の社員の間で、ある違いがあることに気づきます。

例えば、外資系のグループ会社何社かが集まって会議が開かれたとします。そこには、外資系の会社および最近その外資のグループに入った日本の会社の部長や課長など何人かが出席している、という状況を考えてみましょう。こんな場合によくあるのは、外国人の担当役員つまりオフィサーが中心になり、英語で討議をするケースです。

誰が発言するか見ていると、部長が発言するのは外資系でも買収された日本の会社でも同じですが、一つ大きく違うところがあります。

実は筆者自身も外国人マネジメントから指摘されるまで気がつかなかったのですが、外資系の会社の会議参加者は、部長であれ課長や役職のない一般社員であれ、議論に参加して発言します。

一方最近になってグループに入った日本の会社の場合は、部長が発言するのは他と同じですが、課長やその他の社員はあまり発言しないことです。彼らが発言するのは、上司である部長から話を振られたときか、部長から指示されたときくらいです。

英語が話せないから発言しないのかと最初は思ったのですが、そうではありませんでした。外国人のオフィサーから話を振られたときは、本人はまず上司の方を見て、上司が頷いてから発言します。

こういったことは外国人の目には奇異に映ります。出席しているだけで意見を述べない

のなら、何のために出席しているのだろうという疑問が生じます。しかし日本人から見ると、一般に日本の会社では、上司の指示のないところで勝手に発言するのはよくないことだ、出すぎたことはすべきではないという意識があるようです。異文化の一例です。

ミーティングの設定はクラークの仕事

昔は女子社員の多くがそうだったのですが、いわゆる事務職社員という位置づけの社員、つまりつねに誰かの指示にしたがって、指示されたとおりの事務的な仕事をする社員は、一般に外資系では存在しないか、いたとしても比較的少数です。

外資系では、男性女性を問わず社員には必ず与えられた職務があり、その職務はつねに誰かの指示にしたがって仕事をするのではありません。外国人と話をしていて、話のなかでクラーク（Clerk）とか事務作業（クレリカル・ワーク、Clerical Work）という言葉をあまり聞いたことがありませんが、それもこういった理由によるものです。

日本の会社で働いていた人が外資系に転職することがありますが、少数ですがその逆もあります。外資系から日本の会社へ部長として転職したある人が経験したことはつぎのようなことです。

外資系では、社内の会議や他の部門の人との打合せなどをする場合、部長クラスの人や課長クラスの人、すなわち管理職の人が自分で日時・場所・議題などをセットして、それ

を出席者に連絡することがよくあります。

そこで日本の会社へ転職したその人は、今まで外資系でずっとやっていたように、自分でパソコンを使って、社内の会議や他の部門の部長などとのミーティングを設定していました。

そのまま、二、三ヶ月したある日、どうも周囲の自分に対する目線がおかしいことに気づきました。それでもまさか会議の設定のことだとは思わず、さらに何ヶ月か自分で出席者に連絡を取り会議の設定をし続けました。

すると、ある日ベテランの女性社員が彼のところにやってきて言うことには、その会社では、会議の設定つまり出席者に連絡を取り、都合のよい日時を選んで会議室を予約することは部長の仕事ではなく、それは一般女性社員の仕事だったのです。

つまりその部長はその女性社員の仕事を奪っていると見られていたのです。違和感はあったものの、それ以降彼は会議の設定をクラークに頼むようにしたとのことです。

給与の高い管理職が、みずから会議の設定をすることは合理的とは言えない面があることは確かです。しかし、そういった事務作業のみに携わる社員が、別途何人もいる状態のコストも考えてみる必要がありそうです。

ただ問題は、こういった変更は一部門や一部門長ではまず不可能で、会社全体としての仕組みの再考や、企業風土の変更が必要になることです。しかし大がかりな変更は、不幸

なことですが倒産などの非常事態を契機に行なうことはできても、通常のときに実施するのは非常に困難です。

いずれにしろ外資系では、良くも悪しくも管理職（マネージャー）はプレーイング・マネージャーだということです。「私は部長ができます」では話にならないのです。

ゼロ・トレランス

日本の会社の社員は、どんな仕事であれ非常に丁寧な仕事をします。例えて言えば、気配りをしたかゆいところに手の届くような仕事のやり方です。こういったやり方を生産現場でも行なうことで、きわめて品質の高い日本製品ができるのでしょう。しかし当人たちは非常に丁寧な仕事をしているとは思っていません。普通に仕事をしていると思っています。

一つの例として、どんな仕事にでもあるミスを取り上げると、彼らはまずミスそのものをできる限りゼロに近づけようとします。これを外資系の外国人マネジメントは「ゼロ・トレランス、Zero-tolerance」などと呼んでいます。

ちなみにフランスの歴史人口学者・家族人類学者エマニュエル・トッドは、日本では完全ということについての理念があると言っていますが、ゼロ・トレランスもその一面ではないでしょうか。

そしてこの結果品質は向上しますが、つまりミスは減りますが生産コストが高くなります。というのは、もともと稀なミスをさらに減らすためのコストは非常に高額になるからです。

外資系のマネジメントは、人間がする限り仕事には必ずミスがある、したがってミスをなくす工夫は当然行なうが、必ず些細なミスが一定の割合で出ることを前提にして、事後の対応を考えておいた方が合理的だ。ミスをゼロにするためには莫大なコストがかかるが、そのようなコストをかけることは顧客にとって必ずしもいいことではない、それよりもミスが出た場合の対応を前もってしっかりとつくっておいた方がいい、と考えます。

もう一つの例は、日本の会社でよく見られる、あらゆる仕事について、そのやり方を細かく具体的に説明した、膨大な数の手順書やマニュアルの整備です。手順書やマニュアルがあるので、その仕事の専門家でなくても一定レベルの仕事ができます。先に述べたようにこれは非常に重要なことです。

しかし反対に、そういったものが整備されていることで、一方では仕事が機械的になりがちです。その結果、不要になった仕事や、状況が変化したことで変更すべき仕事を、従来どおりのやり方で続けるようなことが生じやすくなります。さらに気をつけなければいけないのは、丁寧な仕事がともすると不必要なまでに丁寧な仕事に変わっていることです。

こういった仕事のやり方は、例えて言えば「有効数字」を考えないやり方です。問題は、

細かい数字を何桁も長々と並べる「丁寧でそれでいて非常にわかりにくい」仕事をして、それで本人はいい仕事をしていると思っていることです。

しかし、同業の日本の会社各社もみな同じようなことをしているので、日本国内でビジネスをしている限り、競争上の問題はないのかもしれません。

融通のきかない仕事

マニュアルや手順書が整備されており、個人の能力によらず誰でも一定程度の仕事ができることは非常に好ましいことです。一方マニュアルどおりの仕事になってしまい、結果的に社員の創意工夫がなくなり、外部環境は日々変化しているにもかかわらず、十年一日の仕事をしているようなことが起こります。

仕事が事務的になることも問題点の一つです。考えて仕事をするのではなく、手順書に沿って機械的に仕事をするようになってしまいます。その結果融通性がなく仕事が硬直的になりますが、手順書にないやり方はもちろん認められません。

時間がかかることも問題です。それでもマニュアルに書かれた順番にしたがって、順次仕事を進めていかなければなりません。

大局的な見方ができなくなることもあります。マニュアルや手順書には大局的なことが書かれているのではなく、当然ですが細かな事務的なことが書かれています。その結果、

社員の関心は細部に向けられます。

外国人マネジメントがこのような状況を見ると、何をしているのだろう、これでは機械と同じだ、機械でもできることなら早急に機械化しよう、そうすれば誤りも減らすこともできる、機械化すればコストを大幅に削減できる。あちこち持ち回って承認を得たり、チェックをしたりしていたことが不要になり、仕事のスピードアップにもつながる。ところで日本人はどうしてこんなことをずっとやっているのだろうか、と彼らは考えています。

日本人は使われ上手

外資系では、働いている人はみな前向きで積極的で、バリバリのビジネスパーソンのように思われていますが、実情は必ずしもそうではありません。割合から見れば、ほとんどの人が日本の会社とさほど変わらない、いわゆる「会社員」です。企業の規模が大きくなればなるほど、そういった「会社員」も増加します。

その理由は、会社には必ず定型的な業務があり、それらは正確にかつ決まった日までに仕上げなければなりません。またどんなビジネスでも必ず事務的な仕事があります。販売店や顧客と接する支店などの現場もほとんどが日本人です。ですから何百人何千人規模の外資系で、もし社員の大多数が起業家精神を持って新たな挑戦をしていたら、その会社は企業として成り立たなくなってしまいます。

マネジメントから見ると、部長クラスの人たちは将来のマネジメントの候補生です。マネジメントがこのクラスの人たちに求めるのは、どのような分野であれ、従来のやり方をそのまま踏襲するのではなく、新たな取り組みをつねに考え、少しでも会社の業績の向上につなげることです。

ところが、外資系ではあるものの、マネジメント予備軍のなかにも起業家精神とはほど遠い日本人がかなりいます。彼らは、マネジメントに指示されたことを、部下を動員して忠実に正確に期日までに仕上げることは得意ですが、現状を変革する考え自体を持っていません。指示待ちの社員にそれを期待しても無理なのです。

また、彼らは、あなたはどう思いますかと聞かれた場合でも、自分の意見を述べることはまずありません。課長クラスまで下がってくると、このような状況はさらに強くなります。

前述のように、彼ら全員が企業家精神を持って仕事に臨む必要はなく、いちがいに問題視すべきことではありませんが、こういった人たちが増加すると、以下のような現象が出てきます。

それは職務の二極化傾向、すなわちマネジメントは考える人、部長クラス以下は実行する人という傾向の強化です。ここで日本人が得意なことが起きます。つまりチームワークです。関係する社員を動員して、マネジメントから指示されたことを、間違いなく期日ま

でに仕上げます。

さらに続いて起こることは、相対的に見た外国人マネジメントの増加です。日本人が考えることが得意でないのなら、そして現状の変革を求めないのなら、前向きに積極的に新たな取り組みを実行するためにも、さらなる業績の向上のためにも、考える人たちを増やすしかありません。

そうなるとますます日本人は実行する人、外国人は考える人になります。これをトップ・ダウン経営の問題点と言う人もいます。

日本の会社ではどうでしょうか。実際はそうではないようです。まずそもそも日本の会社では、何ごとかを決定する場合でも、マネジメントが先頭に立ってトップ・ダウンで決めるのではなく、ボトム・アップの仕組みのなかで、機関決定の順序を踏みつつ、会社として決めることになっています。

何ごとかを考えるのも、誰かが考えるのではなく、みなで考えていて、そのうちに一つの考えとしてまとまり、それが会社としての、そしてみなが理解している考えになります。このあたりが外資系とは大きく異なる点です。

ちなみに、第二次世界大戦が終わり、連合国が日本の戦争責任を追及しようとした際、もっとも苦労したことは、誰が責任者なのかわからない、ものごとがどこかでいつの間に

か決まっていることだった、ということを読んだ記憶があります。そんな状況が日本の風土として今でも残っているようです。

まとめ

この章の要点はつぎのとおりです。

†外国人は相手をファースト・ネームで呼びます。苗字で呼ぶ日本人にはすぐに誰かわからず、会議などでは困ることがあります。数字の英語も慣れるまでに少し時間がかかります。できる限り三桁の位取り、千、百万、十億、一兆を頭に描くようにすると、早くわかるようになります。

†日本人は上司や年長者の前では遠慮がちに話します。言うべきことを言わないと相手に理解してもらえない国で育った外国人は、上司や年齢が上の人の前でも率直に話をします。相手もそれを気にしないようです。

†日本の会社では、直属の上司を飛び越してさらに上の人と直接やり取りすることはまずありません。指揮命令系統を守った指示や報告が基本です。外資系ではこれはときおり見ることで、上司が不在のときやその社員が詳細を知っているときなど、マネジメントが直接その部下に聞くことがあります。買収などで外資となった日本の会社では、マネジメントが担当者に直接聞こうとしても、

なかなかうまくいきません。

†会議での発言を見ていると、外資系では職位を気にしないで思ったことをかなり自由に発言します。最近外資系になった日本の会社の社員は、上司の指示や示唆がないところでの発言を慎んでいるようです。

†外資系では、社員は一人ひとり与えられた職務があります。誰かの指示にしたがって言われたことをする社員、つまり事務職はいたとしても少数です。

†ミスをゼロにすることが日本の会社の基本的な考えです。これで品質は向上しますがコストも上昇します。外資系のマネジメントは、些細なミスは一定の割合で必ず起きる、その場合の対応をあらかじめ用意しておくことを考えます。

†日本の会社では、ミスを減らすために詳細なマニュアルをつくり、マニュアルどおりに仕事をします。これは大事なことですが結果として事務的な仕事になります。外国人マネジメントから見ると、それらすべてを機械化すべきではないか、機械化すればミスも防げると考えます。

†外資系でもバリバリのビジネスパーソンは少数派で、与えられた仕事をチームワークで期限までにやろうとする社員が多くいます。これが極端になると、外国人は考える人、日本人は実行する人になり、ますます外国人が増加します。

16

レポーティング・ライン

レポーティング・ラインとは

外資系でよく耳にする言葉にレポーティング・ライン（Reporting Line）があります。私は誰々にレポートする（I report to 誰々）、などと言います。レポーティング・ラインに相当する日本語は、強いていえば指揮命令系統が相当しますが、むしろカタカナでそのままレポーティング・ラインと呼んでいるケースが多いようです。

簡単に言うと上司は誰かという意味で、「I report to 誰々」の場合、その誰々が本人の直属の上司になります。ちなみに誰々の直属の部下という場合には、例えばKimura's direct reports のような言い方をすることがあります。この例では木村さんの直属の部下（複数）ということになります。

では、なぜ外資系ではレポーティング・ラインという言葉をよく使うのでしょうか。もちろん指揮命令系統を明確にしておくことは重要ですが、これは日本の会社でも同じです。頻繁に聞く背景には、むしろ給与制度や人事考課の側面が強くあります。

日本では、年功序列の賃金体系が変化しつつあると言われてから、かなり長い時間がたちました。しかし、基本はまだ年功序列賃金に近い体系と見ることができるでしょう。つまり成果主義の賃金体系になっている会社や、自分より若い人や女性が上司で、自分より高い給与を得ているような会社は、まだあまり一般的ではありません。

外資系では、程度の違いはあるものの、年齢は人事制度や給与においてそれほど重要な要素ではありません。重要なのは、その職務の目標を達成するにはどのような人材がもっともふさわしいかであって、年齢が若くても問題になりません。むしろ有能な人を年齢が若いが故にアポイントしないことの方が問題です。

このような状況では、自分の上司は誰かということが重要になります。年功序列で賃金が決まるのではなく、自分の給与を決めるのは上司の評価だからです。

上司は誰か、上司は何を求めているのか、どの程度を求めているのか、自分が今やっていることは上司の考えや要望に沿っているのか、期日までに達成することができるか、改善すべきことはないのかなど、いろいろなことに気をつけながら仕事をするようになります。

自分の職務や仕事を自分の気がすむようにやるのではなく、上司が求めている内容や程度、期限などに沿ってやることになります。ですから、レポーティング・ライン（上司は誰か）がよく出てくるのです。

外資系ではペイ・フォア・パフォーマンス（Pay for Performance）という言葉もよく聞きます。年功序列賃金ではなく、パフォーマンスつまり成果による賃金決定の仕組みです。この結果、上司に対していつも自分の仕事の成果をアピールし、問題点をつねに把握して上司と共有することで早めに解決し、目標を十二分に達成することで給与やボーナス（こ

れらを合わせてペイと言います）につなげることを社員はいつも考えているのです。

このように、レポーティング・ラインは日本語にすると直属の上司です。したがって日本の会社でも、そうは呼ばないけれどもレポーティング・ラインの仕組みがあります。誰しも社員には必ず上司がいるのです。

ところで、外資系でときおり見る仕組みに、ドッテッド・レポーティング・ライン（Dotted Reporting Line）があります。会社によっては、マトリックス・レポーティング・ライン（Matrix Reporting Line）とも言い、日本語にあえて訳すと間接的な上司です。しかし、こういった仕組みは、日本の会社では存在しないようです。

ドッテッド・レポーティング・ラインは、一般のレポーティング・ラインと異なり、すべての社員が持っているのではなく、多くの場合日本の会社で言う部長クラス以上の管理職についている人の一部にドッテッド・レポーティング・ラインがあります。

ドッテッド・レポーティング先は本人が決めるのではなく、レポーティング先すなわち直属の上司が決定し、あなたのドッテッド・レポーティング先は誰々です、となります。またドッテッド・レポーティング先は、必ずしも同じ部門の人とは限りません。別の分野の人がドッテッド・レポーティング先になることがよくあります。

しかし、必ず自分の仕事について何らかの直接的または間接的に関係がある人がドッテッド・レポーティング先になります。業務の進捗状況、問題点や課題、今後の方針な

ど、通常直属の上司に報告したり相談・協議するのと同じように、すべてではありませんが一定の事項についてはドッテッド・レポーティング先にも報告したり相談したりします。メールなどではその人をCCに入れるようにします。

なお、本人の職務およびその結果について責任を持つのはレポーティング先すなわち直属の上司ですが、人事考課における業績評価については、ドッテッド・レポーティング先の評価も参考にしている会社もあるようです。

ではなぜ外資系ではこういったドッテッド・レポーティング・ラインという仕組みを導入しているのでしょうか。理由の一つが、本人が複数の分野にかかわる仕事をしている場合です。この場合は、主となる職務に関する上司が直属の上司になり、副次的な職務に関する上司がドッテッド・レポーティング先になります。

もう一つが親会社と子会社の関係です。子会社が日本にある場合で考えると、例えばある部長が、自分の直属の上司である担当のマネジメントだけでなく、本社の関係する部門長にマトリックスでレポートする仕組みです。こうすることで、子会社がどのような状況になっているか、本社はつねに情報を直接知ることができます。

外国人の上司、女性の上司、自分より若い上司

日本の会社では、外国人が上司になることは稀ですが、外資系ではよくあることです。

それは、マネジメントの何人かが海外の本社や他の国から来ることがあるからです。

また中間管理職はその会社に新卒で入社し昇進した社員だけでなく、先に述べたように中途採用で外部から来た人たちも多くいます。したがって、年功序列社会では部下として心理的に受け入れ難いようなケース、例えば上司が自分より若いとか、女性の部門長やオフィサーの下で仕事をする、などということはよくあることです。社員もそれをさほど気にしていません。気になるような社員は外資系には来ないでしょうし、来ても遠からず転職してしまうでしょう。

上司が外国人の場合には、対応にそれなりの注意が必要になります。日本の社会や国民性、雇用にかかわるプラクティスや年功序列の賃金、一般的な人事考課の仕組みなどを知っていて、知ったうえで部下の日本人社員に対応することはまず期待できません。本社から転勤で来た人たちはなおさらです。彼らは、仕事や職務には通じていても、人のマネージにたけているとは限りません。

そんなところへ日本的な考えを持ち込んで対応すると、相手はその日本人社員の言うことを理解できなかったり、とんでもない誤解をしたりすることがあり得ます。

例えば、外国人の上司から仕事の状況や成果を尋ねられた場合、日本的な謙虚さで控えめな回答をすると、上司はそれを控えめではなくそのまま文字どおりに受け取るかもしれません。そこでミスコミュニケーションが生じます。このような場合には、できる限り数

値やタイムラインを加えて、上司が具体的に状況を理解できるようにすべきでしょう。

重要なことは、昔からのビジネス上のしきたりや慣行をそのまま相手に理解してもらおうとするのではなく、前にも述べたように、それらをいかに筋道を立てて説明するかです。相互理解のためのもっとも重要な要素の一つが論理的な説明、四文字熟語で表現するなら理路整然です。

日本の会社では、一般的に学歴は昇進における重要な要素です。有名大学の卒業生の方が就職にも有利で、かつ早く昇進することに異論を唱える人は少数派でしょう。そうでなければあれほどの受験競争をする意味がありません。

年齢も重要な要素です。課長より若い部長をつくろうとしても、そんなことをすることにともなう悪影響、例えば社員の士気の低下などを考え、年上の人が先に昇進するのが普通です。

性別についてはあれこれ言うまでもありません。もっとも、そもそも女性の基幹社員の数自体が少ないのだから、管理職になる人も相対的に少ないという見方もあり得ますが、やはり日本では上司が女性のケースはわずかです。これら全体を一言でまとめると、能力による昇進というよりも年功序列です。

外資系ではどうでしょうか。学歴は無関係ではないものの重要な要素ではありません。それは、日本に赴任した外国人は、そもそも日本における大学のランキングについての知

識がほとんどありません。ですからよほどのことがない限り、マネジメントにとって学歴は単なる要素の一つです。

学歴よりも重要なのはその人の経験、専門知識やスキルです。経験は、過去どういった会社でどのような職にあり、何をして何を達成したかなどです。専門知識を示す一つは資格です。もっとも外国人が聞いてわかるような資格でなければ意味がありませんが。また年齢も一つの要素ですが、日本の会社のように若い人が上に立つことに躊躇はありません。外資系の会社の風土自体そういうことに違和感がありません。

性別も同じです。要はそのポジションを担える経験、専門知識、スキル、リーダーシップがあるか否かです。

上意下達

日本の会社では、部下は上司の指示や考え・意向にしたがって仕事をしている。一方外資系の会社では、上司の指示にしたがって仕事をするというよりは、どちらかというと社員個々人の考えにもとづいて仕事をしている、と思っている人が多いのではないでしょうか。

つまり、組織として動いている日本の会社の方が上意下達がよく行なわれていて、外資系は社員の独立性が高いと思っている人が多いようです。実際はどうなのでしょうか。

結論を先に言うと、一般的に外資系の方が上意下達がよく行なわれている、部下は上司の指示にしたがい、上司の意向を汲んで仕事をしています。どうしてそうなるか、それは社員の採用や人事考課に違いがあるからです。

日本の会社の場合、一般的に上司は自分を採用した人ではありません。人事部が採用し各部門にいわば振り分けたのです。ですから、何年かたつと人事異動でまた別の上司のもとで働くことになります。非常に極端に言えば、今の上司の言うことを聞かなくても、職を失う危険性は少ないのです。

一方外資系では、通常は上司が自分を採用した人です。そういった状況で、もし上司の指示や意向に沿った仕事をしなかったらどうなるでしょうか。上司から見ると、仕事上の目標達成のためにはその部下は戦力として問題がある、上司や部門の目標達成の障害になる可能性がある、ということになります。つまり、おそらく近い将来に肩をたたかれる可能性が大きくなります。

ですから、一般的な推測と違い、外資系では多くの人が上司の指示に忠実にしたがって仕事をしているのです。しかし上司の指示に忠実にしたがうことはいわゆるイエスマンとは異なります。忠実にしたがうのは、仕事のやり方、期間、成果物など、上司の求めていることに応える仕事をするという意味です。ちなみに和英辞典を見ると、上意下達の英語として Top-down とあります。

人事考課も上意下達を強める理由の一つです。年功序列の給与体系であれば、同期の社員は課長クラスくらいまではほぼ同じような昇給になるのが一般的ですが、つぎに述べるように、社員個人の仕事の成果による昇給が強く影響する外資系では、上司の考えや意向に沿った仕事をしないと収入に響くことになります。

一生懸命働く

時代が移って今はかなり変わったと思いますが、日本の会社のなかには、自分の今日の仕事が終わっても上司が残っていると帰りにくい、といったことが昔はかなりありました。程度の違いこそあれ外資系でもそういうことがありました。それは、外資系の会社であっても、一般の社員や中間管理職はほとんどが日本人ですから、やはりある意味で遠慮や気遣いがあります。

しかし、日本の会社と外資系で今でもまだ大きく異なるのは、仕事に対する取り組み姿勢や仕事の結果の評価についての基本的な考え方や比重の置き方です。

よい悪いは別にして、日本の会社および日本人の基本的な考え方には、仕事に対する取り組み姿勢や態度を重く見る傾向があります。この社員はまじめに一生懸命与えられた仕事に取り組んでいる、結果は思わしくなかったがそれは環境や時期が悪かったためでこの社員の問題ではない、と考えます。

確かにまじめに仕事に取り組んでいる姿は他の社員の模範にもなるでしょう。ですから、この考え方はいちがいに否定すべきではないことは明らかです。

外資系のマネジメントにとっては、このような考え方は、否定はしないものの比重は相対的に小さくなります。すなわち外資系の企業にとってもっとも重要なことは、当初計画した目標を達成したか否かであり、長い時間働いて達成しても短時間で達成しても、達成した内容が同じであれば、毎日夜遅くまで長時間一生懸命に働いたことは、必ずしもポイントにはなりません。

もっと重要なことは、一般的な表現で言うと、より少ない経営資源で同じ成果を出すことです。同じ成果をもっと短時間で達成できれば、残った時間を別のことに使うこともできるし、同じ時間を使ってもっとよい成果を出すこともできるかもしれません。

なお、ここで注意しなければいけないのは、外資系では結果のみ求めて、手段や結果に至る過程を無視しているかのように言われていますが、実際はそうではないことです。過程を無視しているのではなく、比重が日本の会社ほど重くないと見るべきです。

成果主義、ペイ・フォア・パフォーマンス

外資系の人事考課は成果主義だと一般に思われています。成果（業績）の評価により給与やボーナスが決まり、年齢や勤続年数は給与に影響しない仕組みです。先に述べたよう

に、外資系も千差万別で、必ずしもすべての会社がそうではありませんが、伝統的な日本の会社に比べると成果主義またはそれに近い外資系は多いでしょう。

また、こういった外資系の成果主義に対する日本社会の見方は、どちらかというと否定的というより好意的な雰囲気があります。いわく仕事をすればするほど給与がアップするのが外資系で、バリバリ働いている自分より仕事をろくにしない窓際の年長者が高い給与をもらっている今の仕組みはおかしいなど。

もし成果主義の給与体系が多くの面で好ましいのであれば、外資系に限らず多くの日本の会社も同じような仕組みを導入するはずです。現在のように急速に変化する競争環境にあっては、競争で優位になるために役に立つのであれば、新しい人事考課や給与決定の仕組みを積極的に取り入れることを躊躇する日本の会社は少ないでしょう。

ではなぜそうなっていないのか、なぜ今もって年功序列や職能給などが残っているのでしょうか。それにはさまざまな理由があるでしょうが、ここでは成果主義の給与にともなう実務的な問題点や考慮すべき点をいくつか述べます。これらは部長クラス以下の一般社員についてのことです。

なお、多くの日本の会社では、一般の社員ほどではないにしても、マネジメントの報酬も年功序列的な体系になっていて、成果主義にはなっていないと聞きます。実情はどうなのでしょうか。

わかりやすくするために、読者のみなさんが成果主義の会社に入ったとしましょう。まずみなさんが気になるのが、自分個人だけの成果で給与が決まるのか、自分が所属する部や課などの部門業績に影響されるかです。

例えば、部や課の業績がよかった場合には、自分の評価も相対的によくなるのか、逆の場合には自分の評価も相対的に悪くなるのか。また自分は頑張ったけれど、運悪く自分ではどうしようもない外的要因で成果が出なかった場合はどうなるのでしょう。

また、成果はどのように測られるのでしょうか。目標を数値化できる営業などの場合は可能かもしれませんが、定型的ではあるがやるべきことを間違いなく期日までに仕上げるような職務など、内務部門の成果はどう評価するのでしょうか。

成果目標や評価の基準は、誰がいつどのように決めるのでしょうか。社員間で公平な成果目標になっているのでしょうか、自分の成果目標は同僚と比較してきつい内容になっていないでしょうか、上司の恣意はどのように防いでいるのでしょうか。

難しい目標にチャレンジして大きな成果を期待するよりも、確実に成果が期待できることを目標にした方がいいのでしょうか。そういう目標設定の仕方は許されているのでしょうか。

世のなかでは成果主義はいいことのように言っていますが、上述のようなさまざまなことに適切に対処しないと、最終的には社員の不信を招いたり、多くの社員がリスクを取ら

なくなったりして、会社としての経営目標を達成することが困難になることもあり得ます。逆に言えば、適切に対処することで社員のモチベーションを上げ、より高い経営目標を立てることが可能になります。

なお、外資系は能力（実力）主義だとも言われています。似たような言葉ですが成果主義と能力主義はかなり違います。成果は結果を主体にするのに対し、能力は潜在的可能性です。成果主義には前記のような実務的な課題がいくつかありますが、能力主義にも課題がいくつかあります。

例えばみなさんが能力主義の会社へ入ることを考えている場合、みなさんの「能力」を誰がどうやって測るのか気にならないでしょうか。今年は能力を認められた場合、来年の能力はどうなるのでしょうか。能力をアップしなければならないのでしょうか。その後はどうでしょうか。同僚との能力の比較はされるのでしょうか。

外資系で働こうと考えているのであれば、成果であれ能力であれ、イメージや抽象的なことではなく、具体的にどのようになっているか知ることが重要です。

また、外資系では年収が何千万円とか何億円という人が相当いるかのように書かれているのを見ますが、マネジメント以外は限られた業種や一部の人たちです。

マネジメントの報酬が成果主義なのは当然ですが、短期的な成果にもとづいた報酬では後先を考えない経営、リスクを取りすぎた結果としての当面の大きな成果など、さまざま

な経営上の問題が生じる可能性があります。このため、外資系では、中長期的な成果にもとづいてボーナスを払う仕組みなどの工夫をしています。

給与の仕組み

まず日本の年功序列制では、社員の基本給は、例えば何等級の何号俸といったように給与テーブルで決まっています。つまり人にリンクした給与体系です。

最近は経済環境の問題などであまり行なわれていなかったようですが、このテーブルの数値を毎年全体的にいくらか引き上げます。これをベース・アップと呼びます。ですから、社員の給与は、等級や号俸がかりに変わらないとしても、ベース・アップで毎年一定程度上がっていく前提になっています。

実際は「年功」で等級や号俸が上がるので、給与のアップはベース・アップによるものだけではなくなります。反対にベース・アップがなくても等級や号俸が上がれば給与は増加します。

一般にボーナスは会社の業績に左右されるため、基本給に比べると年ごとの変動の幅は大きくなります。また、日本の会社では何々手当といった手当が何種類かあるのが特徴的です。

いわゆる外資系の給与は、このような日本の会社の仕組みとは異なります。なお「いわ

ゆる」という修飾語をつけたのは、先に述べたように外資系にもさまざまな会社がありますが、ここで言う外資系とは、多くの人が一般的に想像しているような典型的な外資系の意味です。

そういった外資系では、もちろん年功序列の給与体系ではなく、ボーナスを含め年間でいくらと決める方式（年俸制）です。そして、ボーナスを除く場合もありますが、その金額を十二等分したものが月ごとの給与です。また、ボーナスの金額は会社の業績や本人の成果により、あらかじめ示されている範囲内で決定されます。何々手当といった手当はまずありません。

ところで外資系の給与はそもそも何をベースに考えられているのでしょうか。年功序列ではないので「年齢」は関係ありません。もちろん性別は無関係です。外資系の給与の基本はポジション、すなわち椅子です。

別の言葉で言うと、職務と責任の大きさです。より重要な職務でより大きな責任を負う人により高い給与を支払います。ですから、最高経営責任者つまりＣＥＯの給与（報酬）が一番高いのは当然です。

もう一つ考慮することがあります。これはおもに専門的な能力やスキルが必要な職務に関係しますが、その職務を遂行できる人材の市場価値（マーケット・バリュー）です。マーケットにそのような人材が少ない場合、需要と供給の関係で相対的に給与は高くなる

ことがあります。

このように椅子によって給与が決まる仕組みは、長年同じ会社に勤務し、年齢が上がるにつれて給与が高くなることを前提にしている、大多数の日本の会社とは相性がよくありません。より重い責任を負う仕事を任されると、年齢が若くても給与は上がりますが、何年も同じ仕事をして能力が磨かれ年齢が上がっても、同じ仕事をしている限り、能力給ではないので給与はあまり変わりません。

その人の能力や年齢ではなく、任された仕事や職務に給与がリンクする仕組みは、どちらかというと労働の流動性の高いマーケット、つまり年功序列ではないマーケットと相性がいい仕組みです。

一方、このような外資系の給与の仕組みでは、人事異動に制約が生じることがあります。というのは、入社年次が同じであれば社員はみなほぼ同じ額の給与をもらっている年功序列の給与体系では、異なった職務への異動であっても給与の大きな増減はなく、この結果給与の額をあまり気にせずに、適材適所で人事異動をすることができます。

しかし、職務すなわち椅子にリンクしている給与体系では、当然のことですが職務により給与が違います。このため、日本の会社と違い、外資系では異なる職務への異動には制約が生じることがあるのです。

給与そのものではありませんが、ここでちょっとしたエピソードを一つ。だいぶ前ニュー

ヨークの本社へ出張したときに、ランチで有給休暇の話になりました。筆者は病気や事故などで会社を休む際の休暇が有給休暇だと思って話をしていたところ、相手は非常に驚いて、病気などでやむを得ず休むのは有給休暇ではなく出勤と同じに扱われる。子供の学校の行事など個人的な都合で休むのが有給休暇だと言われこちらが驚きました。

人事考課のＫＰＩ至上主義

最近、いろいろな場面でＫＰＩ（キー・パフォーマンス・インディケーター、Key Performance Indicators、業績指標）という言葉を聞くようになりました。これは、その名のとおり、企業の業績を評価する際に指標として使ういくつかの数値のことです。

当初計画した売上高や経費などに対する実際の金額の割合などはほとんどの会社で使っているＫＰＩですが、例えば獲得した新規顧客の数、顧客からの苦情の件数、市場に導入した新商品の数などもＫＰＩとして使っているところもあると思います。

日本の会社と外資系を比べると、外資系の方がＫＰＩをより多くの会社で使っているようです。経営目標を確実に達成するためにも、適切なＫＰＩを設定してそれをモニターし、適切なタイミングで効果的な施策を実行することが重要です。

ＫＰＩはまた企業の業績指標だけではなく、部門業績の指標としても有効です。例えば、開発部門、生産部門、販売部門、本社部門など、企業をいくつかの部門に分けて、各々の

部門ごとに適切なＫＰＩを設定し、それにより部門の業績を適切にフェアーに評価することができます。必ずしもＫＰＩとは呼んでいないかもしれませんが、会社全体や会社内の部門ごとの業績の測定において、日本の会社も外資系もほとんどの会社でいろいろな指標を使っていると思います。

なお、ＫＰＩを設定する際に重要なポイントを、略語でＳＭＡＲＴと呼ぶことがあります。これは設定した指標がSpecific（明確であること）、Measurable（計測できること）、Achievable（達成が可能なこと）、Relevant（関連があること）、Time（期限）のアクロニムです。

このＫＰＩをさらに拡張して、社員の人事考課における指標として使っている外資系もあるようです。そういった外資系では、簡単に言うと、年の初めに社員個人ごとに当年度の業績（成果）目標を設定し、一年が終わった後、どこまで達成できたかにより人事考課の評価が決まる方式です。ある意味非常に透明な人事考課です。

一方ほとんどの日本の会社で行なわれている、新卒の採用から始まりいわば年功序列で定年まで雇用する（勤める）方式では、人事考課においてＫＰＩを中心にして使うことは不可能です。別の言い方をすれば、終身雇用や年功序列、職能給やベース・アップなどとＫＰＩは相性がよくありません。

このように外資系で採用されていることがある、ＫＰＩを中心にした人事考課ですが、

ＫＰＩばかりに頼って他のことをないがしろにすると、思わぬ副作用が出てきます。例えば、数値にのみこだわって、仕事の中身や本来その数値が表す背景や意図など、重要なことに関心が向かなくなることです。

例えば、顧客からの苦情の件数をＫＰＩにすると、件数を下げることが一人歩きして、なぜ件数を下げようとするのかその目的や意図に社員が関心を向けなくなることです。その結果、極端な例ですが、「顧客の苦情」とは何か、どんなことを指すのか、件数が少なくなる方向に解釈するようなことさえ考えられます。

こうやって見てくると、人事考課だけでなく、多くの場合にＫＰＩとそれ以外の定性的な指標との適切なバランスが肝要です。

再チャレンジ、出戻り

外資系では、何年も続けて必要とされる成果を達成できない場合や、競争環境が変化した場合など、より責任の小さいポジションへ異動することがあります。年功序列方式の会社では、こういった場合でも、年収が大きく下がることはあまりないようです。しかし外資系では、背負う責任の大きさで年収が上下することがあります。

ただ外資系が一般的な日本の会社と異なるのは、ポジションが下がった場合でも、年収が減った場合でも、再チャレンジの機会があることです。つまり新たなポジションですば

らしい成果を上げることにより、より責任の大きいポジションに再び異動し、かつての年収と同じくらいか、場合によってはより高額の年収になることがあります。

もう一つ外資系で特徴的なことは、いわゆる「出戻り」です。いったん会社を辞して別の会社へ移った人が、何年か後にまた戻ってくることです。これは一般社員に限りません。部長などの中間管理職やマネジメントでさえも出戻りがあります。外国人だけでなく日本人の社員やマネジメントにも出戻りの人がいます。

また、受け入れる社員やマネジメントも、出戻りに対して特に違和感を持っていないようです。会社として必要とするポジションがあり、そのポジションに異動するにふさわしい社内の人材がいなかった、そのため外部からリクルートしただけです。

先に述べたように、競争相手に移り何年かして戻ってきたことさえあります。競争相手で勤務している間に視野が広くなり、専門知識が増えてスキルが磨かれたのであれば、その外資系にとってこれは決して悪いことではありません。

規模の小さい外資系企業

外資系にも大きな会社と小さな会社があります。社員の数が数十人程度の場合、外国人はトップ・マネジメントの一人だけのことがよくあります。またこの程度の規模では、トップが日本人のことも稀ではありません。

さて小さな外資系に入社したとしましょう。日本の会社でも外資系でもそう変わりませんが、小さな会社に共通することは、レポート先に評価してもらえるか否かがその人の将来に大きく影響することです。

上司とうまくやっていけなくなった場合や、いくら頑張っても上司にそれなりの評価をしてもらえなければ、その会社で上司の評価がよくなるまでずっと我慢するか、または早めに転職するかになります。

外資系の社員はこの点でいわゆる転職アレルギーの少ない人がかなりいます。数年もしないうちに転職を繰り返す人も稀ではありません。

まとめ

この章の要点はつぎのとおりです。

†年功序列の給与体系と違い、職務や会社に対する貢献、上司の評価で給与が決まる外資系では、レポーティング・ライン、つまり上司は誰かが非常に重要です。
複数の職務がある場合、ドッテッド・レポーティング・ラインつまり間接的な上司という仕組みがある外資系もあります。

†外資系では上司が外国人のことがあります。彼らはビジネスにはたけていても、日本人の心情や風土を知りません。そんな状況で、日本的な控えめな答え方を

すると、誤解される恐れがあります。また上司が女性や年齢が自分より若いこともありますが、社員に違和感はありません。性別や年齢、学歴よりも、経験や専門知識、リーダーシップがあるかどうかです。

†上司の考えや意向に沿って仕事をするのが外資系です。年功序列終身雇用と違い、給与や昇進にまで影響するのが上司の評価だからです。

†一生懸命働くことは日本の会社では重要なことです。外資系でも違いはありませんが、もっと重要なことは目標を達成したかどうかです。

†成果主義や能力主義の給与はいいことのように言われています。しかし、成果の指標が適切に設定されていないと、社員が高い目標に挑戦しなくなり、経営目標の達成が困難になります。社員にとっては、成果や能力を測る仕組みをあらかじめ具体的に知っていないと、入社してから予想とは違う現実に直面することがあります。

†日本の会社の給与体系は人にリンクしています。外資系の給与体系は、年齢や人ではなくポジション、つまり職務によって決まります。

†多くの会社でさまざまな分野にＫＰＩを使うようになりました。人事考課もその一つです。しかし適切に使わないと、当初の目的から外れた結果になってしまうことがあります。

†再チャレンジのチャンスがあるのが外資系です。いったん会社を辞めて他社に行き、再び会社に戻る社員や管理職もいます。

†外資系の社員は転職アレルギーが少なく、小さい会社で上司とうまくやっていけない場合、辞めて他社へ移る人がかなりいます。

17

資本系列と指揮命令系統

資本系列と異なる指揮命令系統

ある会社を頂点にして、その下に何段階かにわたってたくさんの会社が資本関係で結びついている、すなわち上位の会社が下位の会社を所有している構造になっていることがあります。グローバル企業は特にそうです。私たちは通常これを何々グループと呼んでいます。一番上の会社が事業会社ではなく持株会社の場合もよくあります。上場されているのは一般的に一番上の会社です。

日本の会社の場合、頂点の会社からもっとも下位の会社までの所有関係は比較的単純で、中間にたくさんの中間持株会社などが介在することはあまり多くないようです。さらにそういった中間に位置する会社でも、海外に所在するケースは比較的少数でしょう。

そして一番上の会社が経営戦略などを決め、資本の所有関係にしたがって上位の会社から下位の会社へ伝えられ、経営の監視や業績の報告などもこの資本所有関係に沿って行なわれています。

外資系の場合には、頂点にある会社は当然海外にあり、その子会社、孫会社やさらに下位の会社を含む一つまたはいくつかが日本に所在します。

外資系が日本の会社と大きく異なるのは、頂点の会社と下の方の会社の間に何段階かの中間の会社が存在する場合があること、そしてそれら中間の会社は、頂点の会社が所在す

る国だけではなく、あちこちの異なる国に登記されている場合があることです。

例えば、頂点の会社はアメリカにあるけれども、その下にはアイルランドやバーミューダ、ケイマン、パナマなどなど、一般にはあまり聞いたことのない国や地域に中間の会社が登記されていることがあります。これにはさまざまな理由がありますが、ダブル・アイリッシュ・ウィズ・ア・ダッチ・サンドイッチ（Double Irish With a Dutch Sandwich）などという言葉もあるように、税制の違いを合法的に利用した経営戦略の結果、そうなっていることがあります。

このようにして、世界中のあちこちの国や地域に頂点の会社と下位の会社を結びつける中間の会社、それも複数の会社が存在する場合、各々の段階の会社すべてにワンセットの組織つまりマネジメント、人事、経理、営業などの人員を配置し、資本系列に沿って指揮命令をしたり、報告を受けたりすることは実務的でないだけでなく、経営効率もよくありません。

このため、外資系では、資本系列と指揮命令系列が異なる、換言すれば指揮命令系列は必ずしも資本系列どおりにはなっていないことがあります。よく見る一般的なケースは、指揮命令はもっとも上の会社から、ロンドン、シンガポール、東京など、世界の主な地域にある地域総括会社（地域本部）に降りてきます。そしてさらにそこから各国に所在する外資系に降りてきます。各国から上に報告する場合は、この逆のルートをたどります。

しかし日本の会社で働く人たちは、外資系ではある意味当たり前の、こういった指揮命令系統をなかなか理解できないようです。

サイロ、縦串と横串

サイロは、大量の穀物や飼料を貯蔵することを目的に、コンクリートなどでつくった背の高い円筒形の施設です。しかし、最近出版された『サイロ・エフェクト　高度専門化社会の罠』などはその一例ですが、ビジネスにおいてもあちこちでこのサイロという言葉を聞くようになりました。もちろん穀物や飼料の貯蔵のことではありません。

一般に会社の組織は、経営目的に適合するように、またもっとも効率的かつ効果的に業務が行なえるようにつくられています。外資系の会社でも同じことです。ただグローバル企業である外資系では、日本の会社に比べて、同じ業務を担当する部門での親会社と子会社の結びつきがより強いようです。

例えばどこの会社にもある人事や経理を考えてみましょう。外資系の会社では、本社の人事部門（または経理部門）と日本にある子会社、すなわち外資系の会社の人事部門（または経理部門）との関係が非常に強いのです。これは世界中の子会社を含めて一つの大きな企業体、つまりグローバル企業の組織として見た場合にはごく当然のことです。

そしてこういう場合の人事部門や経理部門の強い上下関係は、ライン別またはファンク

ション別組織と呼ばれています。最近はどちらかというと好ましくない閉鎖的な専門家の集団というニュアンスを込めて、サイロなどとも呼ばれています。つまり業務分野ごとにサイロのような一本の縦のつながりができ、そこでは本社を頂点として上下関係がきわめて強く作用しています。

ということは、各々の組織で働く人たちにとっては、となりのラインやファンクションを見ることもさることながら、上すなわち直属の上司を見ることが多く、その分横の関係が希薄になります。いわゆる横串が通っていない、または横串の弱い組織です。

これはある意味当然の結果です。その理由は、第一に外資系ではラインやファンクションごとに社員や管理職、マネジメントを採用する仕組みになっていて、日本の会社のように会社として新卒を採用して、人事異動でいくつかの部署を経験する仕組みにはなっていないからです。第二に給与は年功序列ではなく、人事考課をして給与を決めるのは直属の上司だからです。

横串があまり通っていない組織の問題点はいくつかあります。一つは会社としての組織上の効率の問題でしょう。関係する部門の担当者にちょっと言っておけば簡単にかつすぐに解決できたものを、業務の上下関係に注目する結果他の部門への連絡が後になり、問題解決により多くの時間とお金を使う結果になった、といったことが生じることがあります。

また、部門別に人材の採用を行なっている場合には、横のつながりがさらに希薄になる

とと共に、部門長や社員が自分の業務のみを考える傾向が強くなり、会社全体としてものごとを考えて、総合的な解決策や計画を考えることをしにくくなる危険性があります。

換言すれば、部分最適すなわちサイロごとの最適が、必ずしも全体最適つまり会社全体としての最適にならない危険性があることです。

ガバナンス上の懸念もあります。それは、日本人であれ外国人であれ、現地の会社のトップの権限や責任が曖昧になることです。例えば現地のトップが考えている経営計画やビジネスプランが、本社のある一部の部門の反対で、実際にはそのサイロに属する現地のオフィサーや部門長が強硬に異議を唱えることで、実務上実行不可能になる場合があり得ます。

それでもなぜこのようなサイロ組織を残しておくのか、それには何か背景や理由があるはずです。

どんな会社でも、会社の経営目標を達成するために、会社として必要な業務をいくつかに区分けし、それにしたがって組織を考えますが、外資系ではその際に当然のこととして論理的整合性を重視します。多分こうした方が好ましいとかよさそうだということではなく、なぜそうすべきか説得力ある理由が必要になり、それが論理的整合性です。

つまり本社や子会社を垂直にかつ統合的に見て、全体として会社としての個別の機能に着目した組織であるべき、という結論になったのです。その際に、サイロ的組織の問題点

を見逃したのではなく、問題点とベネフィットを勘案してプラスが多い方を選んだのです。

部門を細分化する外資系

日本人は組織で仕事をする、外国人は個人で仕事をすると言われています。日本では、「課」や「部」としての目標（部門目標）はあっても、社員一人ひとりが個別に仕事の目標を定める仕組みはあまり多くないようです。外資系では、例えばジョブ・ディスクリプションなどで、一人ひとりの仕事を定義しているケースがあります。

換言すると、日本の会社で「課長」の目標は部門目標としての「課」の目標であり、「部長」の目標は部門目標としての「部」の目標です。外資系では、個人目標は、一般社員はもちろんですが、「課長」クラスや「部長」クラスでも設定します。そしてその目標は人事考課のベースになります。

このような外資系の方式、「課長」や「部長」も職務が定義され、仕事上の目標や責任を持つ範囲が明確になると、必然的に部門が細分化される傾向があります。大括りにしていたのではその部門長の責任範囲が曖昧だからです。

また部門長の成果目標が曖昧だと、その部門長自身の人事考課も恣意的になりがちです。さらに人事考課の結果はその部門長のペイ（給与）につながるのできわめて重要なことです。このようにして、日本の会社に比べると、一般に外資系では部門がより細分化されて

います。

細分化にはメリットもありますがデメリットもあります。一番大きなものは、誰も面倒を見ない業務が生じやすいことです。責任を持つ範囲や業務が明確になればなるほど、その範囲に入らない業務は、たとえわかっていても誰も手を出さなくなります。

ポテンヒットになりそうな業務や仕事であっても、例えば部長の上にいるオフィサーなどの責任範囲に入っていて、その人が問題に気づく限り解決策を講じることができますが、いつもそのようになるとは限りません。

もう一つの問題は、細分化するとより多くの社員が必要になることです。大括りであれば、その部門の社員が手分けして取り組めることであっても、細分化した場合はそうはいきません。

例えば外資系ではＦＴＥ（フル・タイム・イクイバレント、Full Time Equivalent）、一人の社員がこなすことのできる仕事量という尺度をよく使いますが、いつもＦＴＥが１・０の仕事ばかりではありません。０・６や０・７の仕事もあります。しかし、人は０・７人などのように分けることはできません。大括りと細分化、一長一短と見るべきでしょうか。

細分化と外部委託の増加

このように業務の内容や範囲を明確に定義すると、細分化だけでなく、結果として外部委託が増加することがあります。

というのは、細分化された業務の内容や範囲をよく見てみると、なかには必ずしも会社の組織の一部として社員が行なう必要がない業務、スケールメリットなどの観点から外部の専門業者で行なう方が効率的で安価な業務、内容などの変化に外注の方がすばやく対応できる業務などが見つかります。

こういったことは、業務の内容や範囲を大括りにして、部門の業務の定義を曖昧にしていると目につかないことです。

こうして外資系では、細分化された業務の一部分を外部の専門業者に委託することにより、社員数の削減などの経営の効率化、経費の削減、社員や顧客に対するよりよいサービスにつなげようとしています。

多くの場合その目標は達成できるのですが、ときには一種の副作用が生じることがあります。それは、外部の専門業者に委託してから何年かが経過すると、その業務にかかわる経験や知識、ノウハウを持っている社員がほとんどいなくなってしまうことがあることです。

これは、その業務一式を外部の専門業者に委託したので、ある意味当然の結果です。そ

してそういった社員が社内からいなくなると、委託先の状況をつねにウォッチする人、その業務に責任を持つ人がいなくなり、いわば野放しの状況になります。

これは、外部委託した所期の目標が達成されているのか否か、予測していなかったリスクが生じていないかなど、重要なことを社内で誰も知らない危険な状況です。

まとめ

この章の要点はつぎのとおりです。

† 世界各地でビジネスをするグローバル企業では、一番上の会社から現地の会社まで、何段階かにわたり資本系列でつながっています。各国の税制の違いなどを考えてそうしていることもあります。

† 指揮命令系統は別で、例えばニューヨークの本社からロンドン、シンガポール、東京などにある地域会社へ、そしてさらに各国にある外資系の会社へ、指示や要請などが降りてきます。逆も同様です。

† 外資系では、本社と各国にある会社の部門ごとのつながりが非常に強く、この縦のつながりはラインやサイロと呼ばれています。反対に横の連携は弱くなり、経営上でさまざまな問題が生じることがあります。また、あるラインに属する日本のマネジメントの反対で、日本の経営トップの計画が実行できない、など

ということが起こります。

†日本の会社では、達成すべき目標は個人ごとではなく、部門ごとに設定されていると聞きます。外資系では、部門長も一般社員も職務が定義され、それぞれの目標も設定されています。

†職務が明確になると、必然的に部門が細かく分かれるようになります。

†部門が細分化されると、なかには外部の業者に委託した方がよい仕事が見つかります。こうして外部委託してから何年かたつと、その職務を知っている人が社内からいなくなる、という危険な状態になることがあります。

18

介入する本社と放任する本社

中央集権（Centralization）か地方分権（Decentralization）か

外資系にもいろいろな会社があり、日本でゼロから立ち上げた会社、日本の会社を買収した会社、日本法人の会社、日本法人ではなく支店形式の会社、マネジメントのほとんどが外国人の会社、外資系ではあるがマネジメントのほとんどが日本人の会社など、さまざまなタイプがあります。

そういったなかで、海外の本社が細かなことも逐一指示をしたり報告を求めたり、あれこれと指図をする会社もあれば、反対に日本におけるオペレーションに本社はほとんど口出しをしない会社もあります。もちろん両社の間にさまざまなタイプの会社があります。いちがいにどちらがいいとは言えませんが、当然のことながら後者は外資系とはいえ日本的な経営になりがちです。

日本でゼロから立ち上げた会社では、一般的に本社の経営方針が多くの社員に行き渡っています。部門長や社員のマインドセットも日本の会社とはかなり違います。

一方日本の会社を買収した場合には、それも倒産ではなく通常のオペレーションを行なっている会社を買収した場合、その買収した会社の企業風土、および社員や日本人マネジメントのマインドセットを変えるには、かなりのエネルギーと時間を必要とします。

買収された会社のマネジメントがほとんど外国人になった場合は、ある意味で半ば強制

的に会社の風土を変えさせられることがありますが、日本的な経営になじんでいる社員にとってこれは大変なことです。また逆にマネジメントにとってはかなりの力仕事です。

倒産した会社を外資が買収した場合、マネジメントや部門長などの上層部の入れ替えが行なわれることがあり、そんな場合には会社の企業風土や社員のマインドセットが一変することがあります。そういった会社の人と話をしていると、会社の名前は伝統的な日本の名前のままですが、予想に反して社員の考え方や反応が外資系とそっくりなのに驚くことがあります。

本社を別の観点から見ると、「中央集権的な外資系」と「地方分権的な外資系」という見方ができます。中央集権的な組織では、各国や地域にある子会社などは、会社の組織、経営戦略、営業計画、人事制度など、ほとんどすべての分野で、本社が決めた方針や内容、仕組みなどに沿ってビジネスをすることを求められます。この結果、各国や地域の特性や状況を勘案した経営はできにくくなります。

日本における外国人マネジメントが中央集権的経営を是としている場合には、特性や状況を勘案した経営は余計難しくなります。こうして外資系のなかには、本社のいわば過度な中央集権的経営で苦労しているところがあります。

一方地方分権的な組織では、経営は多くの点で各国や地域の子会社のマネジメントに任されています。その結果、マネジメントはその国や地域、つまりローカルの状況に柔軟に

対応した経営をすることができます。

一見するとこちらの方が経営的に好ましいように見えますが、このような組織では、ともすると自由放任になりがちです。何十という国や地域でビジネスをしているグローバルな外資系では、組織としての統制が弱くなり、経営上のさまざまな問題が生じやすくなります。

さらに、企業グループ全体の業績にかなり影響するくらい日本でのビジネスが大きい場合には、本社のCEOとしては、経営を現地のマネジメントに任せきりにしておくわけにはいかないのです。

それは、一言で言えば株主に対しての説明責任です。業績がいい場合も悪い場合も、「現地に任せている」では株主や株主を代表する人たちの集まり（取締役会、ボード）への説明になりません。この結果、日本でのビジネスが相対的に大きい場合には、経営のかなり細かいことにも首を突っ込んで指示をしたり、状況の報告を求めたりすることになります。

そしてもう一つの影響があります。それは、日本でのビジネスについて本社からの細かな指示を伝え、結果をモニターして本社へ報告することを役割とする外国人マネジメントの増加です。

これは、日本のマーケットにおいて、本社のマネジメントから見てそういったことを託すことができる日本人マネジメントの人材が少ない、英語でコミュニケーションができる

日本人のマネジメントをなかなかリクルートできないことの裏返しです。

細かなことまで知ろうとするもう一つの理由

先に記したように、日本の会社では、マネジメントは経営的な観点からものごとの大枠を心得ていればいいのであって、細かなことにいちいち首を突っ込む必要はないと思われているし、事実彼らはそのようにしています。そういう前提で社長室や経営企画部の社員は動いています。そして、ごく稀でかつ極端なケースを除き、多くの場合それで問題はありません。

一方外資系の外国人マネジメントは、一般にきわめて細かいことまで知ろうとします。外国にある本社のシニア・マネジメントに対し、自分自身で直接説明するためには、非常に細かなことまで知っていなければなりません。しかし彼らをよく見ていると、理由はどうもそれだけではないようです。それは、純粋培養で昇進したマネジメントと、世界各地を転勤するマネジメントの違いと言うことができます。

純粋培養でマネジメントになった日本の会社のマネジメントは、部下がどういうことをしようとしているか、詳しい説明を受けなくても概要を聞くだけで想像がつきます。というのは、人事異動でさまざまな部門を経験し、同期の仲間や部下などとは「ノミニケーション」でしばしば情報交換をしているからです。例えば、経営企画部の部長がある

ことで監督官庁へ行くと言えば、大まかなことを聞くだけで、どのようなやりとりがされるかある程度想像ができます。

外資系の外国人マネジメントはどうでしょうか。当たり前ですがそのようなことはありません。日本人同士では言わなくてもわかるようなことが、外国人との間では、言わなければわかりません。監督官庁に書類を提出するのであれば、その現物の英訳を読まないと理解できません。

この状況を彼らの立場に立って想像すると、どんなことを当局に言うのか、どんな書類を出すのか、当局の質問にどんな返事をするのか、外国人マネジメントはおそらく非常に不安になっているのです。

この結果、多くの外資系においては、監督当局との関係に限らずほとんどすべてのことについて、外国人マネジメントに対する詳細にわたる説明、彼らの質問への回答、彼らの意見やコメントを受けての修正など、これらの英訳を含め日本の会社に比べて非常に多くの時間とリソースを使います。

さらに、外国人マネジメントの意見やコメントが日本の実情を踏まえたものになっていないこともあり得ます。これはある意味外資系の宿命とでも言うべき状況です。

これは海外へ進出した日本企業の日本人マネジメントも同じで、似たようなことが見られるのではないでしょうか。

本社のオーバーリアクション

外資系で働いている人の多くが経験していることの一つが、本社の「過剰反応」です。業績を報告する、競争相手の状況を報告するなど、いろいろなことを定期的またはその都度本社に報告しています。そういうときによくあるのが、日本で現実にビジネスに携わっている者から見るとさほど重要ではないことについて、本社サイドからあれこれ細かく聞いてくることです。

また、こちら側から見ると当然の結果と思えるようなことについて、なぜそうなるのか理由をあれこれ聞かれることもあります。仕事が忙しいときにそういった問い合わせがあると、つい愚痴を言いたくもなります。

こういったオーバーリアクションの背景の一つは、誰であれ言語や住んでいる社会が異なると、こちらが思っている以上に現地の状況を理解することが難しいことがあります。すなわち、こちら側の状況を推測するにも、自分が現にいる社会をベースに推測することになるからです。

例えば日本の会社が海外に子会社を持っていて、その海外の子会社からあることについて報告を受けた場合、やはり日本の状況をベースにそのことを推測することになります。ということは、外資系の会社が何ごとかを本社に報告するときには、言語も社会も異な

る人たちのリアクションをあらかじめ推測して、例えば質問が出そうな部分や事柄はあらかじめ詳しく説明しておくなど、適切な手当てをしながら報告するようにすれば、本社サイドのオーバーリアクションによる余計な手間と時間を減らすことができます。

しかし、一見本社サイドのオーバーリアクションに見えることが、実はそうではないことがあります。特に世界のさまざまな国や地域に子会社を持ってビジネスをしている、グローバル企業ではときどき見ることです。

というのは、話題になっていることについて、確かに日本ではまだそのようなことは顕在化していないけれども、国によってはすでにそれが現実のものとなっており、そういった状況を本社サイドは把握しているため、状況を知らない日本から見ると、オーバーリアクションと思える反応を示すことがあるのです。

本社の組織と現地の組織

海外にある外資系の本社のマネジメントにとっては、現地の子会社の社内組織をどうするかは重要な問題です。端的に言うと、本社組織をほとんどコピーしたような組織を海外の子会社にも構築するか、海外は海外でそのマーケットに即した社内組織にするかです。

本社を頂点として、世界中の子会社をすべて含めて経営的に一つの企業組織として見る場合、先に述べたサイロ構造という問題点はあるものの、本社組織と同じような組織を現

地の会社でも構築した方が合理的でしょう。本社の指揮命令は現地の末端まで通りやすくなります。

しかし、本社組織をコピーした組織をつくると、現実のマーケットや現地の法律にうまく適合できないかもしれません。また、現地の企業を買収した場合は、急激な組織変更は大きなマイナスの影響を覚悟しなければなりません。

逆に、現地の組織と本社の組織が異なる場合、例えば本社である一つの部門が担当し責任を持っている分野が、現地の会社ではいくつかの部門に分かれているときなど、本社の指揮命令が関係するすべての分野に届かず、現地の会社のなかでどこかに消えてしまうことも考えられます。本社で必要とする情報や報告が適時に統一的なかたちで上がってこないことも考えられます。

多少の手直しでより経営的に好ましい組織にすることがもしできるのであれば、現地の経営や従業員に大きなマイナスの影響を与えないですむかもしれませんが、そのようなケースはあまりないでしょう。そのくらい日本の会社の組織は外資系と異なっています。

すでに何回も述べたとおり、これは日系の外資系にもあてはまることです。日本における本社の組織と海外の子会社の組織を同じようにするのか、海外は海外でそのマーケットにもっとも適合した社内組織にするのか、おそらく日本の本社のマネジメントもいろいろ検討したうえで組織をつくっているはずです。

階層の多い組織

この本で想定している外資系は、本社が海外にあって、日本を含む世界のさまざまな国や地域、数にすれば何十という国や地域でビジネスをしている企業、すなわちグローバル企業です。従業員の数も全世界で数千人から数万人くらいです。

このようなグローバル企業の場合、海外に本社がある外資系の企業も、日本に本社がある日系の企業も、おそらく組織として似たような状況に陥ることがあるのではないでしょうか。それは、各国や地域の実情を反映していない組織、および本社のＣＥＯから各国や地域の子会社の末端に至るまでに非常に多くの階層がある組織です。

先に中央集権か地方分権かについて書きましたが、全世界で数万人程度の従業員がいる大きな企業では、地方分権で各国や地域の独自性が強いと、企業グループ全体としての統制が十分できなくなり、コンプライアンスを始めとするさまざまな問題が生じる可能性が増加します。

世界各地にある子会社など、関連企業の社内組織がおたがいにばらばらでは、全体として統制が利かないのは当然です。その結果、企業規模が大きくなると、いわば必然的に中央集権的になります。これはおそらく日系のグローバル企業でも同じことでしょう。

そして、統制を強めるために企業がまずすることは、すべての子会社に本社が決めた組

織体系と整合的な組織を導入すること、つまりあらゆる子会社の組織の見直しと、各部門などの担当範囲や職務の明確化です。

こうして、ビジネスを効率的・効果的に行なうという観点から見ると、その国や地域にふさわしくない組織になってしまうことがあります。しかし、本社が決めた組織体系からの逸脱は許されず、効率的・効果的なビジネスのために、各国や地域で、必要に応じて独自に組織を見直すことができにくくなるのです。

このようにして組織の見直しと担当範囲や職務などの体系化と明確化をすると、つぎに生じるのは組織の多層化です。

まず各国や地域にある子会社それぞれのなかで、ＣＥＯを頂点として支店や部門の末端に至るまで、職務や権限などを明確に定義すると、きわめて多数の階層ができます。これはある意味当然のことです。ＣＥＯと部門長の職務や権限は同じではなく、部門長と一般の社員の職務や権限は同じではあり得ません。

こうして、きわめて多数の階層ができあがります。さらに、グローバル企業の場合、世界を数個の地域に分けていることがあります。その場合、地域ごとの本部にもいくつかの階層があります。そして海外にある本社自体にも多数の階層があります。

このように子会社の末端から本社のＣＥＯまで、きわめて多数の階層ができあがります。非常に多くの階層がある組織の問題点は、改めて述べるまでもないでしょう。グローバル

企業として、世界のすべての関連会社の組織を整合的にし、職務や権限などを明確化し、しかもできる限り階層を減らしてフラットな組織にする、これはかなり難しいことです。

形式的で煩雑な仕事の増加

こうして本社が決めた組織体系と整合的な組織を各地で整備し、職務や権限などの明確化を図ると、つぎに生じるのは、上は本社から下は各国や地域にある子会社に至るまでの社内規程、すなわちポリシーズ・アンド・プロシージャーズの整備です。社員はそのポリシーズ・アンド・プロシージャーズに沿って仕事をしなくてはなりません。コンプライアンスや内部統制にとって、これはきわめて重要なことですが、多くの場合副作用が出てきます。

それは複雑な社内手続きの増加です。複雑であっても、ITで対応できれば問題は少ないでしょうが、上司や上層部の理解と承認が必要なケースでは、ITが自動的に承認・否認をすることはできません。そして、ビジネスにおいては、そういった承認が必要となるケースが相当数あるのです。

さらに、そういった手続きを担当する社員の対応が、きわめて事務的になることがあります。つまり、ビジネスパーソンであれば多くの人がやっている効率や効果を考えた対応ではなく、ポリシーズ・アンド・プロシージャーズやそのマニュアルに書かれていること

を事務的にひたすら実行しようとする、いわばお役所的な対応の増加です。

こうして、日系の外資系であれ、いわゆる外資系であれ、グローバル企業のマネジメントに見えないところで、細かなそれでいて多数の非効率的な仕事が増加するのです。

外資系らしくない外資系

外資が日本へ進出するときのことを考えてみましょう。大きく分けると二つの方法があります。一つはビジネスを現に行なっている日本の会社を買収すること、もう一つはゼロから立ち上げることです。どちらがいいかは業種や状況などによりいちがいに決めることは当然ながらできません。

現にビジネスを行なっている日本の会社を買収した場合、それも比較的規模の大きい、例えば数百人、数千人の日本の会社を買収した場合、その会社が外資系らしい外資系になることは、マネジメントのほとんどが外国人になった場合を除くと、あまりないでしょう。なぜそうなのか、これは改めて説明するまでもないことです。

一方ゼロから立ち上げた、比較的規模が小さい外資系でありながら、外資系らしくない日本的な会社ができあがることがかなりあります。

というのは、日本でビジネスを始める場合、経営者から社員に至るまで、ほとんど全員が外国人というケースは、日本人にはそのビジネスのノウハウを持った人が全くいないよ

うな非常に限られたケースで、一般的には、資本やトップ・マネジメントは外資や外国人でも、経営の中枢を担うマネジメントや中間管理職、それに一般の社員は多くが日本人です。

そして、そういった日本人のほとんどは、同業他社からの転職組のことがよくあります。金融系でよく見ることですが、その外資が日本で開始しようとしているビジネスについての経験や専門知識を持った人材を求めると、結果としてどうしてもそうなってしまうのです。かといって経験や専門知識を不問にして外資系的な考え方を持った人たちを集めても、ビジネスとしてはやはりうまくいきません。

必要な人材をリクルートし、金融機関であれば監督官庁の認可を得てビジネスを始めますが、外資系的な会社になれるケースはそう多くはありません。

もちろん海外にある本社のマネジメントは、同業他社すなわち日本の会社のようになることを計画していたのではなく、差別化は彼らの戦略の基本であったはずです。にもかかわらず、多くの場合に、同業の日本の会社とさほど違いのない外資系になってしまうケースがあるのはどうしてか、なぜ差別化ができないのでしょうか。理由は簡単です。

それは、その外資系に入社したのは、ほとんどが日本の会社の元マネジメントや元管理職、元社員です。こういった人たちの多くは、日本の会社で、日本式の経営のもとで、日本的なマインドセットを持った多くの同僚や先輩後輩に囲まれて仕事をしてきました。

その結果、ビジネスにかかわる考え方から行動まで、すっかり日本的に染まった人たちが外資系に入社することが多いのです。そして、外資系の海外にある本社の戦略とは異なり、日本の同業他社とそれほど違いのない、日本的な外資系ができあがることになります

組織図

日本の会社と外国の会社で決定的に違うことの一つが組織図です。日本の会社の会社案内やアニュアル・レポート（年次報告書）を見てみましょう。日本では、同じ業界であればどの会社の組織図もほとんど同じかたちになっています。一番上に株主総会があり、その下に取締役会や監査役会などがあり、さらに代表取締役がいて、その下にさまざまな部門名がたくさん書かれています。

同じ業界であれば、ほとんどの会社で同じような組織になっています。なお書かれているのは「部門名」のみで、誰がその部門の責任者であるか、個人名はこの組織図には一切出てきません。

外国の会社の会社案内やアニュアル・レポートを見ると、まず気がつくのは組織図が載っていないことです。日本のような部門名が載った組織図を期待して探してみても、どこにもそれらしき図はありません。会社の組織自体がどうなっているか、会社案内やアニュアル・レポートなどを見てもわからないのです。

その代わりというか日本の会社では少なくて外国の会社でよく見るのが、ディレクターやオフィサーの名前や経歴、担当分野を記述したページです。会社によっては、そういった人たちの写真まで載せている会社もあります。

どうしてこのような違いが出てくるか、おそらく法令による規制だけでなく、何か理由や背景がありそうです。その一つは、業種は同じでも会社によって組織構造がかなり違う点です。

もう一つは、ステークホルダーは何を重点的に知りたいかです。換言すれば、「どの部門」ではなく「誰か」ということです。誰が何にかかわる責任と権限を持っているか、それを知るためには個人名が載っている方が都合がいいということでしょう。

余計な話ですが、アニュアル・レポートに載っているマネジメントの写真を見ると、アメリカの会社のマネジメントは、ほとんどがにこやかに白い歯を見せて写真に写っています。同じ外国でも、ドイツの会社のマネジメントの写真を見ると、ほとんどがいかめしい顔つきで、白い歯を見せてほほえんでいる人はまずいません。お国柄がよくわかります。日本はどちらかというといかめしい顔つきが多く、その意味でドイツ的です。

まとめ

この章の要点はつぎのとおりです。

†本社が現地の業務にあれこれ介入する中央集権的な会社もあれば、ほとんど放任する地方分権の会社もあります。中央集権では、ほとんどすべての分野で本社の方針にしたがうことを求められます。地方分権の会社では、各国の状況に応じたビジネスが可能になります。日本でのビジネスが非常に大きくなると、本社の介入は強くなる傾向があります。

†日本の会社では、マネジメントは部下の仕事の概要を知っています。自分もかつて似たようなことをしていたからです。外国人のマネジメントは、部下の仕事を過去に経験したことがありません。このため、彼らはあれこれ細かいことを繰り返し聞いてくるのです。

†ちょっとしたことに本社が過剰に反応をすることがあります。本社が所在する国の状況からそのことを判断するためですが、別の理由があることがあります。例えば世界各地でビジネスをしていると、日本ではまだ顕在化していない問題が、他の国ではすでに顕在化していることを本社は知っているからです。

†現地の子会社の組織をどうするか、本社と同じにするか現地は現地で独立して考えるか、それぞれ一長一短があり難しい問題です。これは海外に進出した日系の外資系にもあてはまることです。

†全世界で従業員の数が数万人にもなるような大規模なグローバル企業では、各

国の組織がバラバラだと統制が取れなくなり、さまざまな問題が生じます。その結果、本社組織と整合性がある統一的な組織を各国で導入することになります。

†そして本社、地域本部、各国の会社それぞれに経営のトップから末端まで多数の階層ができ、さらにグループ全体で見ると何十段階にもなる職務上の階層が結果としてできます。

†各会社は本社の指示にしたがい社内規定を整備します。よくあるのは、規定が整備されると社内の手続きが非常に複雑になることです。さらに大企業で見ることですが、規定を守ろうとするあまり、手続きを担当する社員がきわめて事務的になることがあります。

†外資が日本の会社を買収した場合、日本的な会社の風土が長く残ります。日本で新たにビジネスを立ち上げた場合でも、外資系らしい外資系になることは多くはありません。社員や管理職のほとんどが同業他社や日本の会社から転職してきた人たちだからです。

†日本の会社のアニュアル・レポートには組織図が載っていますが、外資系の会社の本社のレポートにはありません。その理由は、同じ業種でも会社により組織が違うこと、そしてステークホルダーに知らせたいこと、ステークホルダーが知りたいことが違うからです。

19

政府・監督官庁との関係

コンプライアンス

コンプライアンスと聞くと、すぐに法令順守を思い浮かべる人が多いと思いますが、企業経営において法令順守は今や当然のことです。より重要なことは、その企業活動や業務自体の適切性です。

換言すれば、コンプライアンスとは、そのことが新聞などで報道された場合に、説得力のある説明ができるか否か、説得力ある説明ができないようなことは、企業として、社員や役員として、絶対にしてはならないということです。この点では日本の会社も外資系も大きな違いはありません。

しかし、外資系には法令順守について特有の問題があります。それは、外国人マネジメントの関心がどちらを向いているか、日本を向いているか本国を向いているかという問題です。

金融機関などのいわゆる規制業種の場合、外国人マネジメントの関心が現地すなわち日本を向いていると、マネジメントは日本の法令や監督官庁の規制などに注意を払い、必要な対応を行なうのが普通です。

ところがマネジメントの関心が日本を向かずに本国を向いていると、これは過去にあったケースですが、マネジメントは日本の法令や規制についてよく知ろうとせず、また必要

な注意を払って適切な対応をすることに関心が薄くなるなど、結果として法令違反をしてしまう可能性が大きくなります。

もう一つは、その外資系の本国の法令や規制が、日本の法令や規制と整合的でない場合の問題です。典型的な例はアメリカの取引規制で、規制担当官庁である米国財務省外国資産管理局の名称を使って、通称オーファック（OFAC、Office of Foreign Assets Control）と呼ばれているものです。これは、アメリカが規制対象としている国や地域、その他指定された団体および人との取引を禁じており、アメリカを本社とするすべての企業やアメリカ人が遵守する義務を負うだけでなく、外国の企業でアメリカでビジネスを行なっている会社も遵守義務があります。

オーファックのような場合には、一方の国（例えばアメリカ）の法令を守ることが他方の国（例えば日本）の法令に違反することになる、といった矛盾するケースが生じる場合があります。

コンプライアンスで重要なことの一つは社内規定の整備です。急速に変化する社会経済環境のなかでは、会社が一つの組織としてまとまり、すべてのマネジメントと社員がベクトルを同じくして仕事をしないと、競争相手に打ち勝って会社として存続することが困難になります。

また、会社の仕事には、事務的かつ定型的な仕事もかなりあります。それらのなかには、

事務的で定型的ではあるけれども間違えたら大変なことになる、きわめて重要な仕事もたくさんあります。

こういった状況のもとでは、社員各自が勝手に思い思いに仕事をすることは許されません。すべきことややり方を細かく規定し、それを社員に教育し、仕事の結果をモニターして正確であることを検証することが必要です。

コンプライアンスの観点からも、マネジメントや社員がすべきこと、してはならないことを定め、それらを毎年継続的に教育してその結果をモニターしないと、法令違反や顧客の離反など、企業にとって大きな潜在的リスクを抱える危険性が増大します。このために必要なのが社内規程やマニュアルです。

したがって日本であれ海外であれ、企業には必ず社内規程があり、広く考えると政府機関や地方公共団体を含め、一般に組織には必ず組織規定があります。

当局への事前相談

日本は法治国家ですから、作為不作為を問わず、公務員は法令で規定されていないことを行なうことはできません。しかし、法令で規定されているとおりに行政を行なうと、行政は硬直的だ、もう少し心の通った対応をすべきだなどと批判されます。

確かに四角四面の対応は好ましくありませんが、逆に法令の解釈に融通性を持たせて、

行政から見れば心の通った対応をすると、恣意的な対応をするなどと逆にまた非難されることがあります。

このあたりのいわばバランスが難しいのですが、ただ一つ確かなことは、どのように規定しても、あらゆることを漏れなく法令で規定することは不可能だということです。

さて、ある新たな戦略を検討している会社があったとします。金融機関などの規制業種の場合、日本の会社の基本的な姿勢は、事前に監督当局に説明に行き、コメントを聞いたうえで必要であれば計画を手直しして、それを当局に持ち込んで再度コメントをもらって修正するといったことを繰り返して、ほぼこれでいいだろうということになってから計画を実行に移します。

当局からのコメントはもちろん口頭で文書ではないのが普通です。ですから、こういった方法では非常にチャレンジングなこと、全く新しい取り組みや手法、戦術や戦略は日の目を見ることはまずありません。

外資系はどうでしょうか。実は多くの外資系も、程度の差はありますが、日本の会社と同じように事前に監督当局の意見や考えを求めるのが普通です。

しかし、そう頻繁に見ることではありませんが、当局に行く目的が日本の会社と根本的に違うことがあります。

前述のように、日本の会社では、まず事前に相談に行き、コメントをもらって計画を練

り直し、当局が首を縦に振るのを見てから実行に移します。しかし外資系の基本的姿勢は、まず自社の計画や戦略の合法性について多角的に検討し、予想される問題点について外部の専門家の意見なども聞き、最終的に合法的であるという結論を社内で得て、それから当局へ行くことがあります。

ですから、相談に行くのではなく、自社の結論の正当性・合法性を念のため説明に行くのです。相手から聞くのではなく、こちらから説明するために行くのです。合法性がきわめて明白なケースでは、それが全く新しい取り組みや手法であっても、事前に当局に相談したりおうかがいを立てたりすることをしない場合があり得ます。

事前に当局との打合せをしない場合、全く新しい取り組みや手法を実践することが可能になりますが、反対に法令に抵触するリスクを負うことがあります。すなわち、前述のようにあらゆることを法令で規定することは不可能であり、そういったなかで、行政当局による法令の解釈と異なること、現在の法令では予定していないことなどを実行してしまう危険性です。

監督当局との関係で見ると、今まで述べてきた外資系と日本の会社の中間のような外資系が存在します。こういった会社は、資本は外資ですが監督当局対応は日本の会社と同じ対応をします。まずおうかがいを立て、監督当局が首を縦に振ってから実行に移すやり方です。

どうしてそんなことが起こるのか。一つは、資本は外資でも経営は日本人が行なっている場合です。この理由は説明するまでもないでしょう。

もう一つは資本が外資で経営陣の多くも外国人ですが、日本社的な対応をしている場合です。

これは日本の監督当局の考え方や方向性などについて、外国人マネジメントが誤解しているかよく理解していないからです。事前のおうかがいが日本におけるビジネス・プラクティスだと思っている場合や、例えば日本へ赴任して間もないため、行政当局との関係で、何が行なわれているか何をすべきかよくわかっていない場合です。

外資系の本社から見ると、日本は世界中にあるいくつかの支店・支社や子会社の一つです。したがって、日本の比重が小さい場合つまり日本のオペレーションが小さい場合、本社の日本に対する関心は小さく、いわば放っておかれている状態です。

こういう場合には、日本の監督当局に対する本社の関心は薄く、経営陣が日本人であるときはなおさらですが、外国人の場合であっても、結果として日本の会社と同じような監督当局対応になります。

もちろんそうした方が摩擦も少なく、非常にユニークで斬新な戦略を実行することはできませんが、日本の会社とペースを同じくして業務を行なうことができる、というメリットがあります。一方前述のような外資系のやり方は、ときに監督当局との間で緊張関係を

生んだり、摩擦が生じたりすることがあります。

重要なのは、当局と敵対するのではなく、また事前に行くか行かないかの問題ではなく、さまざまな機会をとらえて当局とのコミュニケーションをよくすることです。そうすることで、行政の方向性や考え方を知ることができるし、知ることによって企業としてよりムダの少ない経営ができると共に、コンプライアンス・リスクのコントロールが可能になります。

官民の人事交流

「お上」という言葉が今でも日本語として使われています。江戸時代までは天皇や幕府などが「お上」でした。明治時代から第二次世界大戦が終わって現行の憲法ができるまでは、「お上」とは天皇およびそれを補佐する国会や国会議員、政府のことを指しました。

国会議員や大臣、政府の役人は天皇に対して責任を負い、今のように国民に対して責任を負っている仕組みではありませんでした。今では揶揄的に省庁や政府の機関を指す言葉として残っています。

このように、「お上」は長い歴史のある概念です。ことによると、政府やそれを構成する役人や公務員は、一般国民の「上」にあって国を統治している、という潜在意識を今でも多くの国民が持っているからこそ、そんな言葉が残っているのかもしれません。

実際私たちの日常を見ても、何かことが生じると人々やマスコミはまず政府の対応についてあれこれ批判し、自分のことはまず自分の責任でやる、政府の出番はその後だ、といった議論をすることはほとんどありません。国民はつねに政府に頼っている、政府が何かをしてくれるのを待っているということもできます。

パンデミックとなった新型コロナウイルスへの対応を見ても、アメリカや西ヨーロッパと違い、お上が自粛を要請すればほとんどすべての国民はそれにしたがいます。人々が自分の生命や自由、財産を守るために政府をつくったのではなく、国家や政府（お上）がもともと存在し、人々はその指示や規制にしたがって生活する、という長い歴史が醸成した人々の潜在意識です。

「お上」サイドの人間が民間に降りてくることが「天下り」ですが、まさに言い得て妙です。さて、こういった国つまり日本においては、官庁の役人と民間の会社の社員との人事交流は、天下りを除き、そもそも概念からしてあり得ません。

最近では官庁で働いている若い人が民間企業に転職することが増えているようですが、民間企業で働いていた若い人が転職して今は監督官庁にいるなどは例外的なケースです。官庁が民間から専門家を採用する場合でも、期間を限定した採用をよく見ます。

このような状況では、官庁と民間の情報交換は少なくなり、それを補う方法の一つとして、有名なＭＯＦ担（モフ担、大蔵省担当）などと呼ばれる職種が金融機関の企画部門の

なかにできました。

さらに彼らの情報収集活動がエスカレートして、二十年ほど前にあったことですが「〇〇しゃぶしゃぶ」といったスキャンダルにまで発展したのです。現在はさすがにそういった行きすぎはないでしょうが、それを逆に見れば、相互の情報交換はうまくいっているのだろうかという懸念が生じます。

人々が自分たちの生命、自由、便益や財産を守るために政府をつくった国では、政府と民間の人事交流、政府で働いていた人が民間へ転職し、民間からも政府機関へ転職することが一般的になっているようです。人事交流や情報交換はおのずと行なわれているのです。

業界団体に入るかどうか

ほとんどすべての業界に業界団体、すなわち何々協会というものがあります。日本で新規に事業を始めた外資系の会社も、いずれかの業界団体のメンバーになるのが普通です。業界団体は、監督する側からもユーザーや消費者の側からも、それなりのメリットがあります。

さて、一般に日本の会社のマネジメントは、最近でこそ少し違う考えを持つ経営者も現れてきたようですが、関係する業界団体に入ることについてほとんど疑問を持っておらず、そのメンバーになることはいわば当然のこととしています。

一方外資系のマネジメントは、CEOが外国人の場合は特にそうですが、大手の日本企業がメンバーである業界団体に加盟することについて、必ずしも当然とは思っていません。それにはいくつかの背景や理由があります。

外資系のトップ・マネジメントにとってまず気になるのは、その業界団体の性格や目的、実際にどういったことをやっているかです。

例えば、よくあるのは業界の上位の会社何社かが実質的にはその団体を仕切っていて、後から加盟した中小の会社や外資系の会社は、それら上位の会社が決めたことに異議を唱えられない、異議を唱えても自分たちの意見が聞いてもらえない、自分たちの意見が通らないといったことです。換言すれば、体制内に取り込まれて、他社との差別化など自社の自由な企業活動が制約される危険性です。

目的もよく調べなければなりません。というのは、業界団体がいわば自主規制機関としての役割を担っているケースがあるからです。そのような団体に入ると、自社としては必ずしも賛同できない場合でも、団体として自主的に決めたルールにしたがわなければなりません。これも企業活動に対する制約です。

自主規制以外にも制約があることがあります。その一つは、大手の会社がその業界におけるビジネスの仕組みや標準を実質的に決めており、後から参入する会社はそれらを使わざるを得ない、使わないとビジネス自体ができなくなる、といったものです。

反対に、情報の収集など、業界団体に加盟することで得られるプラス面もあります。

したがって、外国人のトップ・マネジメントは、最初から業界団体に加盟すると考えているのではなく、加盟する場合しない場合のプラス・マイナスを勘案してどうするか決定します。

ところが、外資系であっても日本人のマネジメントのなかには、このような外国人トップ・マネジメントの発想そのものに疑問を持つ人がいます。そういった人たちは、業界団体のメンバーになるのは当然と思っています。日本の会社と同じです。

しかし、業界団体に入ることのプラスとマイナスを冷静に計算する外国人マネジメントにとって、どうすることがもっとも好ましいのか、彼らの答えはおのずと明らかです。

問題を行政サイドのせいにする

あることについて監督当局の認可が必要な場合、その会社の担当の部長や課長などは、必要な事前準備をしたうえで申請書を当局に提出します。すべてが予定どおり運ぶ場合もありますが、思わぬ障害が生じることも稀ではありません。

例えば、準備に欠陥があったり不十分な点があった場合、または申請した計画自体が法令で予定していない、時代をあまりにも先取りした非常に斬新な内容だった場合には、予定した日に認可が下りなかったり、申請内容つまり計画自体に実質的な変更を求められた

りすることがあります。この結果、会社の経営計画まで遡って変更せざるを得なくなることさえあります。

このようなことが生じた場合、担当の部長がありのままにマネジメントに状況を伝えればいいのですが、準備や申請書類の不備に触れずに、認可の遅れや申請内容の変更を、関係する法令の条文、監督当局の考え方や対応によるものとすることがあるやに聞きます。

こんな場合、問題は監督当局サイドにあり、そもそも日本の法令やそれにもとづく監督制度がよくない、などと外国人マネジメントが思ってしまう危険性が出てきます。特に日本へきて間もない外国人や、本国以外でのビジネス経験が少ないマネジメントにその傾向が強いようです。これはもちろん日本の法令や監督に全く問題がないという意味ではありません。

言外の意味を察知する

この本の前の方で、日本人は婉曲表現を好む、しかし直接的な言い方をしないと外国人に意図を理解してもらうのは難しいと述べました。似たようなことが監督官庁と外国人マネジメントとの会話でも生じます。

外資系企業の外国人マネジメントと、監督官庁の担当官が話をするケースを考えてみましょう。外国人マネジメントは、監督官庁にこちらの考えや計画、意図などを正しく理解

してもらうために、できる限り率直に計画や戦略などを説明します。おそらくこれは日本の会社の日本人マネジメントでもそうは変わらないでしょう。

こちら側の説明に対する監督官庁のコメントはどうかと言うと、直接的な表現のコメントをすることもありますが、間接的比喩的な表現をすることがかなりあります。そういった間接的な言い回し、ときには比喩的な言い回しを通訳がそのまま英訳すると、相手が言外に伝えようとしたことが外国人マネジメントに伝わらず、重大な誤解が生じることがあります。

担当官にしてみれば、説明を受けた計画に対して懸念を表明したつもりのことが、外国人マネジメントには肯定的に伝わってしまうようなことさえあり得ます。

通訳が介在することでその危険性はさらに高まります。これも異文化コミュニケーションの一つです。

英語のできる日本人マネジメントがその会議に同席していて、担当官の意図がどこにあるかを後で外国人マネジメントに説明し、誤解を解いていればいいのですが、必ずしもいつもそうなるとは限りません。

なお担当官は相手が外国人マネジメントだから間接的比喩的な言い回しをしたのではありません。日本の会社の日本人マネジメントに対しても、同じような言い方をすることがあります。

しかし、日本人マネジメントは即座に言外の意味を理解して、適切な対応をすることができます。かりに日本人マネジメントが真意を理解できなくても、同席している経営企画部などのスタッフが相手の真意を日本人マネジメントに伝えるので、大きな問題が生じることは少ないでしょう。

監督官庁とのコミュニケーションに限ったことではありませんが、文化や考え方の違いでもう一つ注意すべきことがあります。それは、外国人マネジメントは、相手がノーと明らかに言わない限り、こちらの意図や考えを相手は受け入れたと受け取ってしまうことです。

外資系の企業の日本人マネジメントのなかには、こういった理解の違いで苦労をした人がかなりいるのではないでしょうか。

外国人マネジメントからすれば、監督官庁に対してこちらの意図や計画などを詳しく説明した、質問にも丁寧に答えた、それに対して相手は明確にノーとは言わなかった、よって相手はこの経営計画を理解したはずである、したがってこの経営計画はできる限り早急に実行に移すべきだ、ということになります。

このような状況に遭遇した日本人マネジメントなら誰しも経験したと思いますが、外国人マネジメントを説得して、受け取り方や理解を変えさせることは非常に難しく時間がかかります。

これは論理的に説明できるような問題ではなく、日本の文化やビジネス・プラクティス、一般論としての監督官庁の対応の仕方や態度を説明するような問題です。外国人マネジメントに対する説明の仕方によっては、日本人マネジメントの意図を正しく理解してもらえず、その計画などに対してあたかも消極的な態度を示しているように受け取られてしまう危険性があります。

また、こちらの説明に対して相手がいつも理解を示すとは限りません。ときにはその経営計画を実行に移してしまい、その結果監督官庁との間で深刻な軋轢が生じることもあります。まさに異文化コミュニケーションです。

まとめ

この章の要点はつぎのとおりです。

†日本の会社でも外資系でもコンプライアンスは当然のことです。しかし外資系には特有の事情があります。担当する外国人マネジメントが本社ばかり見ていると、ローカルつまり日本における法令順守がおろそかになることがあります。もう一つは日本の法令と本国の法令に整合性がないケースです。

†社内規定の整備と遵守は日本の会社も外資系も同じように重要なことです。

†監督官庁との関係では、日本の会社は何か新しいことをする前に相談に行き、

当局が首を縦に振ってから実行に移します。外資系も同じですが、行くのは相談のためではなく、やろうとしていることの合法性を説明するためです。重要なことは事前に相談するかどうかではなく、監督官庁とのコミュニケーションをよくすることです。

†日本では官庁との人事交流はいわゆる天下りを除いてほとんどありません。アメリカなどでは、政府を辞めて民間へ、民間から政府へ就職することは異例ではないようです。

†外国人マネジメントにとって、業界団体に加盟することは当然のことではありません。上位の会社が団体を仕切っている、自主規制機関として自社が賛同しなくてもしたがわざるを得ない、といったことがあるからです。彼らは加盟のプラス・マイナスを勘案して決定します。

†監督当局の認可を得るために申請書を提出しますが、ときには申請内容を変更せざるを得ないことがあります。こんな場合、申請担当の課長や部長が事実を上司に報告せず、原因を法令や当局の対応のせいにすることがあります。外国人マネジメントは、日本の法令や当局の対応に問題がある、などと誤解してしまいます。

†外国人マネジメントと当局の担当官が通訳を介して話す場合、日本の会社の人

であればすぐ気づくことが、言い回しや婉曲な表現などにより、担当官の真意が外国人に伝わらないことがあります。日本人マネジメントにとって、彼らの誤解を解くのは容易ではありません。

20

英語によるコミュニケーション

母国語で大学教育ができる国

日本国民だけがそう言っていたにすぎないのかもしれませんが、数十年前の日本は、日本語つまり母国語で大学教育ができる数少ない国の一つと言われていました。ところが今となっては、日本は日本語でしか大学教育ができない国になってしまった、と言う方が正しいのかもしれません。

また当時は、英語だけでなくフランス語やスペイン語、ドイツ語などもビジネスで使われていたように思います。ところが今はどうでしょうか。圧倒的に英語が使われています。フランス語を母国語とする人が多数参加している社内会議でも、英語が共通語として使われています。英語はもはやビジネスにおける世界の共通言語になってしまいました。

こんななかで、日本はどうして日本語でしか大学教育ができない国になってしまったのでしょうか。いろいろなことが関係しているでしょうが、もっとも大きな背景の一つは、国民の大多数がビジネスや日常生活などで英語を使わなくても、つまり英語でコミュニケーションをしなくても、特に不便を感じないし結構いい生活ができてしまったからでしょう。

しかし当時の発展途上国においては、大学教育を母国語ですることはできませんでした。したがって大学教育における言語は、ごく一部の先進国を除き、ほとんどの国において英

語が主流になりました。こうして、多くの国において英語を自由に使える大学卒業生が増えているのです。

ビジネスの国際化が進むなかで、ビジネスパーソンにとって英語は今やマスト（必須事項、It is a must）です。今となっては、遅れていたこと（ディスアドバンテージ、Disadvantage）が大きなアドバンテージになっているのです。

部長、課長とは、名刺の英語表記

海外の取引先や外資系の海外にある本社の人と会って、まず簡単に自己紹介をする場合、彼らはまず自分の名前と担当している職務の内容、どんな仕事をしているかを簡単に説明します。自分が所属する部門の名前やタイトルのことを真っ先に口にする人はあまり見かけません。

日本人の方はどうでしょうか。典型的な表現は、例えばMy name is Suzuki, General Manager of the Tokyo Sales Department. すなわち、私の名前は鈴木で東京販売部の部長です、となります。一般に行なわれているこのような自己紹介のやり方では、こちら側の日本人は相手の外国人が何を担当しているか推測できますが、相手方はどうでしょうか。

右記のような日本人の自己紹介で相手にわかるのは名前だけで、部長とか東京販売部とは何のことか何をしている部門か、よほど長い間日本で仕事をした人でない限り、まず理

解できないと考えるべきです。

日本の場合、会社の組織はどんな会社でも似たような組織になっています。基本単位は部、課です。したがって部長とか課長といったタイトルがついていれば、その人の会社のなかでの地位や権限を推測できます。

一方外国の企業の組織は、多くの場合日本とは違います。そもそも「部、Department」という概念や組織自体がない場合もあります。また、英語のDepartmentは必ずしも「部」とは限りません、例えば私たちがアメリカの国務省と呼んでいるのは、英語ではUS Department of Stateです。ましてや「課」、英訳して「Section」という概念や組織はないと考えるべきでしょう。

ですから、General ManagerやSection Managerなどと言われても、外国人にとっては何のことか何をしている人かわからない場合がほとんどです。

日本人の英語は日本語の英訳でしかなく、相手に自分が伝えたいことを英語という言語を通じて理解してもらう、つまり英語を使ってコミュニケーションをするという発想自体が日本人には希薄です。相手に理解できるかどうかはお構いなしに、日本語を英訳して喋ることでコミュニケーションができていると思っているし、相手も理解できるはずという一種の国民的幻想があるようです。

前述のような挨拶や自己紹介と共に名刺を交換して握手をします。相手はまっすぐ立っ

てこちらを見て手を差し出しますが、多くの日本人が腰を引いて頭を下げて握手をする光景は相変わらず続いています。

日本人が差し出す名刺には、会社名、部門名（何々部）、課の名前（何々課）、自分のタイトル（部長、課長など）、そして本人の名前が書いてあります。時には「何々部長」という部長と「何々部　部長」という部長では社内での地位や職務が異なる、などという微妙な違いもあるようです。そして裏側には、何々 Department、何々 Section、General Manager、または Section Manager などという英訳が記載されています。

しかし、相手の名刺の特にタイトルのところをよく見ると、日本とはかなり違っていることに気づきます。まず何々 Department という部門名があるものはあまり見かけません。ましてや何々 Section や何々 Office などは皆無と言ってよいでしょう。

なお、日本では「部」や「課」よりも小さな組織を「室」と呼び、それを「Office」と訳していることがよくありますが、アメリカで使われている「Office」の表示は意味合いが日本とはかなり違います。例えば Office of CEO の Office は日本語で言えば「ＣＥＯ執務室」または「ＣＥＯ席」のことで、何人かのスタッフがいる日本的な意味での「ＣＥＯ室」または「社長室」ではなく、実質上はＣＥＯ本人のことを指しています。また、ＣＥＯ本人の意味をより際立たせるために、Desk of CEO といった表現を見ることもあります。

部門名はどんな表現になっているかというと、多くの場合上記の「何々」という部分だ

けが書いてあり、Department、Section、Officeといった部門の表示がありません。日本の会社では階層構造やガバナンス構造がほとんど同じなので、「部」、「課」、「室」といった部門表示が役立ちますが、社内の組織や構造、ガバナンスが会社によって異なる国や地域においては、そういった表示はほとんど意味がないのです。

タイトルも同様です。日本では部長、課長、室長といったタイトルがほとんどの会社で共通ですが、相手の名刺にはそれに該当するDepartment Manager、Section Manager、Office Managerなどというタイトルが見あたらないのが普通です。

名刺の表記で日本の部門長に該当する表現は、「Head of何々」といった表現も見ます。しかし、これは必ずしも「部長」ではなく、担当している職務や会社における機能（Function）の「長」のことを指していて、部長、課長、室長といった階層構造のなかのどれかの「長」を指すものではありません。

また、アメリカやヨーロッパの企業では、日本とは違って従業員一人ひとりの職務が明確に定義されているのが普通です。ですから部門長ではない一般の社員の名刺には、担当する職務例えばアナリスト（Analyst）やアドミニストレーター（Administrator）などと記載されているのです。日本の会社では、一般の社員にはタイトルや職務の表記がなく、単に何々部（何々Department）とか何々課（何々Section）といった表記のみです。

役員クラスでは、ＣＦＯ（Chief Financial Officer、チーフ・ファイナンシャル・オフィ

サー）、ＣＩＯ（Chief Information Officer、チーフ・インフォメーション・オフィサー）、ＣＣＯ（Chief Compliance Officer、チーフ・コンプライアンス・オフィサー）、ＣＲＯ（Chief Risk Officer、チーフ・リスク・オフィサー）、ＣＤＯ（Chief Distribution Officer、チーフ・ディストリビューション・オフィサー）など、担当する職務を表示するタイトルが一般的ですが、担当する職務の名称とは別に、その人の会社のなかでの地位を表すVice President（バイス・プレジデント）、Senior Vice President（シニア・バイス・プレジデント）、Executive Vice President（エグゼキュティブ・バイス・プレジデント）といった記載がある場合があります。

最近はさすがにVice Presidentを単に副社長と「誤」訳したものは見なくなってきましたが、日本の会社における役職の表記と比較すると、Vice President、Senior Vice President、Executive Vice Presidentはそれぞれ執行役員、常務執行役員、専務執行役員あたりが該当するでしょう。

なお、日本だけでなく海外もそうですが、業界や会社によってはこういった社内のタイトルをかなりインフレして、実際は日本で言う課長クラスの人にVice PresidentとかDirectorなどというタイトルをつけている場合がありますのでいちがいには言えません。

意味のわからない日本語の英訳

日本人だから日本語の文章がすべてわかる、理解できるとは限りません。何を言っているのか理解できない文章もかなりあります。書き方がよくなくてわからない文章もありますが、ここで言及するのは、書き方が非常に厳密なために、一般人には非常にわかりにくくなっている文章のことです。

その典型的な例が法律です。特に何々業法といった名前の法律は、該当する業種に関する規制などを規定しているため、一般人には余計わかりにくいものになっています。例えば、つぎに掲げる文章は「気象業務法」という法律の抜粋ですが、この日本語を読んで、意味がすっとわかる人がどのくらいいるでしょうか。

「気象庁は、気象、地象、地動、地球磁気、地球電気及び水象の観測の成果並びに気象、地象及び水象に関する情報を直ちに発表することが公衆の利便を増進すると認めるときは、……」

日本の会社も外資系も、厳密性を求める（人により異なった解釈になることを避ける）ために、法律用語を社内規程のなかで使っていることがあります。

例えば、委員会に関する規程のなかでの、「議長に事故があるときは」といった使い方です。この場合の「事故があるとき」の意味は、日本語の「事故」だけでなく、海外出張などスケジュールの都合で出席できない場合、つまり「……することができない場合」の

ことですが、それを知らないで「事故」を本当の事故だと思って「Accident」と訳してしまったものを見たことがあります。

英語を知っているから英訳ができるのではなく、日本語もよく知っていないと正しい英訳ができない、間違った英訳になるという一つの例です。

法律ほどではありませんが、他にもわかりにくいものがあります。その一つは政府の審議会などの報告書です。なぜわかりにくいか、その理由の一つは独特の言い回しです。例えばよく見る報告書の文章に、「することが適当である」、「……することが考えられる」、「……が適当と考えられる」などといった表現があります。これは何を意味しているのでしょうか。いわゆる業界人であればこれは非常に明確で、「……すべきである」という意味です。したがって、監督官庁は関係する法律や政省令の改正の準備作業を始めます。

さて、こういった報告書の概略を外国人マネジメントに知らせたり、本社に報告したりする場合、どのように英訳するのでしょうか。外国人が日本の官庁用語の意味を知っていることはまずありません。そんなときに「……することが適当である」を例えば「It is appropriate to ……」などと訳したら、担当の官庁に法令の改正を促している本当の意味とはニュアンスがかなり違ってしまいます。

このように日本語の意味を深く考えずに、文章や単語をそのまま機械的に英語に訳すと、結果として意味合いがずれてしまうことになります。

もう一つのケースは、そもそも日本語の文章の意味を本人が理解できないのに、その日本語をそのまま英訳することです。意味が理解できない日本語の文章も、辞書を使って対応する英単語を並べるだけの英訳ならできないことはありませんし、またよく見るのはこのようなケースです。

しかし、オリジナルの日本語の文章の意味がよくわからないのに、それを英訳したら結果はほとんど意味をなしません。問題はそういったことに気づかずに英訳して外国人に渡し、それで相手はわかっていると思い込んでいることです。

重要なことは、オリジナルの日本語の文章が具体的にどのようなことを意味しているのかをまず自分がよく理解し、その自分の理解を英語に変換することです。そうすることで相手も理解しやすくなります。

オリジナルの日本語を意味もよくわからないのに外注して英訳し、それを外国人マネジメントに送り、後でマネジメントから質問を受けたけれども返答に窮した、といったケースもあります。

最近は多くの主要な法律が英訳されており、政府のホームページで簡単に見ることができます。しかし、英訳を読んでそこに書いてあることがわかる外国人は、その業界を専門分野とする法律家くらいでしょう。本社のマネジメントにその英訳した法律の該当部分を送っても、意味がわかる人はまずいないと考えるべきです。

また、法律が正しく英訳されているとアプリオリに信じることは危険です。例えば日本の法律では「又は」と「若しくは」はイコールではなく、厳密に区別して使われています。ところが英訳では両方とも「or」と訳されています。「及び」と「並びに」も法律では厳密に区別して使われていますが、英訳では両方とも「and」と訳されています。

また、日本語の原文の主語と英訳の主語が全く異なっている、つまり法律上求められている行為の主体が英訳では逆転している、などというとんでもない間違いがあったりします。

法律の英訳を自分でまず読んでみて、英訳された文章の意味と日本語の原文の意味が同じかどうか確認してから使用すべきでしょう。

アクロニム

日本の会社であれ外資系であれ、どんな会社にも社内用語があります。なかには一部の社員だけにしかわからない符丁のようなものさえあります。それぞれが別の用語を使っているだけでなく、同じ日本語の用語を使いながら、意味合いが必ずしも全く同じではないことがよくあるようです。

こんな状況なので、二つの日本の会社が合併する際に最初にしたことは、各々の会社が使っている用語の統一だった、と聞いたことがあります。

外資系で働く日本人が特に苦手なのはアクロニム（Acronym）、例えば国際連合United Nations をＵＮと書くような表記の仕方、つまり頭字語の多さです。なおUnited Nationsをそのまま和訳すると「連合した国々」すなわち「連合国」ですが、日本ではなぜか「国際連合」としています。

アクロニムもオリジナルの英単語を知っている場合は、何とか推測がついて意味がわかることがありますが、そもそもオリジナルの英語を知らなかった場合、アクロニムだけから意味を知ることはほとんど不可能です。

ちなみにこの点では日本語（漢字）は便利です。経団連や公取委など、簡略化しても漢字を見ればだいたいの見当はつきます。

ビジネスの展開にともない、新たな用語が生まれたり必要になったりして、こういったアクロニムは増殖します。いわば日々新しいアクロニムが誕生しています。そうでなくても、フル・スペルで書いてもよさそうなものを、あえて略して書いてあることがあります。

例えば「明日の終業時までに」をby COB tomorrowなどと書かれると、最初はどういう意味だろうなどと真剣に考えてしまいます。これが会議でのことであれば、その場で意味やフル・スペルを教えてもらえますが、メールに書いてあると、わざわざそのアクロニムのフル・スペルを尋ねるメールを送るのもどうかと思い、そのままにしている人もいるのではないでしょうか。

同じアクロニムでも一般的に世のなかで使われているものなら、近頃はネットで調べればすぐわかります。しかし問題は社内用語のアクロニムで、これはネットを調べてもどこにも出ていません。アルファベットと漢字の違いが際立つ例です。

アクロニムについて日本の会社と外資系でかなり違う点があります。それはアクロニムの読み方（発音）です。日本の会社の社員の多くは、アルファベットで表記されたアクロニムをローマ字的に読みます。外国人や外資系の会社の社員の多くは英語的に読みます。

例えば、ＩＦＲＳ（International Financial Reporting Standards、国際財務報告基準）を、多くの日本の会社の人は「イファース」と読みます。多くの外国人は「イファース」とは読まずに「アイファース」と読みます。外資系で働いている日本人の多くも「アイファース」と読んでいます。同じように、多くの日本の会社の社員は金融庁（英語でＦＳＡ、Financial Services Agency）のことを「フサ」とローマ字的に読むのに対して、外国人や外資系の社員は「エフエスエイ」と言います。財務省（ＭＯＦ、Ministry of Finance）も同じで、「モフ」に対して「エムオウエフ」です。

別の違いもあります。例えばニューヨーク証券取引所は英語でＮＹＳＥ（New York Stock Exchange）ですが、日本の会社ではこれを「ナイス」という社員が多いようです。外国人や外資系の社員はそのまま「ニューヨーク・ストック・エクスチェインジ」と呼ぶ人が多いようです。彼らが「ナイス」と呼ぶのを筆者はあまり聞いたことがありません。

電話会議は大変

外資系で働いていると、電話会議に出席しなければならないことがあります。よくあるのは月一回など定例の電話会議です。これだけだとそれほど頻繁ではないように見えますが、マネジメントになると複数の事柄や分野について電話会議ということになり、結局月に何回か電話会議をすることになってしまいます。

電話会議でまず誰もが苦労するのが時差です。例えば本社がアメリカ東海岸にある場合、アメリカ東部時間で朝九時からの会議は、日本時間で夜十時からです。これは夏時間ですから、冬時間になると日本にいる私たちにとっては夜十一時からの会議です。夜十一時からの会議が終了するのは真夜中の十二時すぎ、眠ろうにも頭が冴えて眠れず、つぎの日苦労することもあります。

本社の時間に合わせないで日本の時間に合わせて電話会議を設定すれば、そんな問題は起きないのではないかと思う人もいるでしょう。例えば日本時間で朝九時からの会議は、アメリカ東部時間で前日の夕方八時からです。日本からの出席者が多数で本社サイドの出席者がごくわずかの場合には、こういった設定もないわけではありません。

しかし、世界のあちこちに拠点がある、いわゆるグローバル企業ではそうもいきません。北米、南米、ヨーロッパ、中近東、アフリカ、東南アジア、オーストラリア、それに日本

が参加して会議をする場合、すべての地域に都合がいい時間帯はなく、結果として日本時間では夜遅くからの会議になるのが普通です。

電話会議でもう一つ苦労するのが英語の聞き取りです。通常の会議で面と向かって話している場合や、近ごろ増えているズーム（Zoom）などのテレビ会議などの場合は、相手の身振りや雰囲気などで言おうとすることがある程度推測できますが、電話会議では音声だけなのでそういったことはできません。

また、英語を母国語とする人たちだけが会議に参加するとは限りません。いろいろな英語が会議では飛び交っています。例えばインド人の話す英語は、日本人だけでなく英語を母国語とする人にとってもわかりにくいようです。英語が母国語であっても、ニューヨークのビジネスパーソンが話す英語、ロンドンで生まれ育った人の英語、オーストラリア人の英語などさまざまな英語があり、かなり訛りのある話し方をする人もいます。

こういった場合はどうしたらいいか。残念ながら正解はありません。努力をしないでヒアリングが上達することを望んでもそれは不可能です。「習うより慣れろ」という言葉もあります。

ただビジネスで気をつけるべきことは、重要と思われる事項については、電話会議が終わった後で、その議題の責任者に確認のメールを送るなどして、自分の理解している内容をチェックし、間違った理解をすることがないようにしておくことです。

言葉は文化を反映している

英語を喋るだけでなく英語でコミュニケーションをする、つまり英語を使ってこちら側の言いたいことを相手に理解してもらう際に、もっとも気をつけなければならないことの一つは、日本語の単語の英訳です。

一般に私たちは日本語を英訳してそれを話すなりメールに書くなりすれば、相手はその単語や文章の意味を理解してくれると思っています。日本語の単語に対応する英語がわからない場合は、和英辞典で対応する英語を見つけてそれを使います。

ところがこれでは必ずしも相手に理解されないことがある、ということを覚えておく必要があります。場合によっては、英訳された日本語の単語は、相手に理解できない英単語になっていることがあるのです。ビジネスにおいてもそういったケースがかなりあります。

なぜそういうことが生じるのか。大きな原因の一つは、日本語の単語に相当する英単語がない場合です。

言葉は文化を反映しています。ですから、英語に限らず、自国では使われていても他の文化や社会では用いられない単語があります。

例えば日本では出世魚と言って成長するにつれて名前が変わる魚があり、ブリ、スズキ、ボラ、イワシなど数種類あります。

同じように、インドネシアのスラウェシ島などでは、デンプンの原料を採取するサゴヤシの木の名前が十数種類あり、木の生長につれて変わります。中東やアフリカの砂漠のオアシスなどに生えているナツメヤシも、果実ができてから成熟するまでに、段階に応じて十数種類の名前があります。

ラクダ（駱駝）のいない日本では、大人のラクダも子供のラクダもオスもメスもすべてラクダです。メスのラクダを表すには、「雌のラクダ」のように形容詞をつけて区別します。しかし、ラクダが生活の一部であるアラビアのベドウィン族では、年齢や性別などそれぞれの状態に対応した、非常に多くの個別の名称があるとのことです。古代のエジプトではスイレンの花が神聖視されていて、花の名前だけで数種類あったとのことです。

英語にはあっても日本語にはそれに相当する単語がない、つまり概念自体がないものがあります。こういった日本語にはない英単語を日本語にするためには、元の単語をカタカナでそのまま表記するか、または形容詞をつけて説明するか、文章で説明するしかありません。

カタカナ表記の典型は最近よく使われている「ボランティア」です。形容詞や修飾語をつけて区別する典型の一つは、牧畜文化を代表するHorse（馬）でしょう。農耕文化の日本では「馬」、「駒」、「駿」くらいが普通思い浮かぶ単語ですが、英語の辞書を見ると、例えばColt（コルト、四歳までの雄馬）、Stallion（スタリオン、成長した雄馬）、Pony（ポ

ニー、小型の馬）、Mustang（マスタング、小型の半野生の馬）など、たくさんのさまざまな「馬」にそれぞれ固有名詞があります。

また日本語には相当する単語がないため、間違った説明をしているケースもあります。最近よく見る典型的な例は Systemic（システミック）でしょう。英語辞典を引いて最初に出てくるのは「体の組織全体の、全身性の」といった意味で、例えば Systemic Disease は「全身性疾患」です。医学用語以外の Systemic の意味は、「経済や社会、組織や体制の仕組みや制度などの」という意味で、学術用語では「系、系統、体系の」という意味です。最近 Systemic を「システム上の」という日本語に訳しているのを見ますが、日本人が「システム上の」という言葉を見聞きして思い浮かべる意味と、英語の Systemic の意味とはこのように全く違います。

例えば Systemic Risk（システミック・リスク）の意味は「その業界全体や周辺業界にも影響をおよぼすような、きわめて規模の大きいリスク」の意味で、「システム上のリスク」ではありません。Systemic の本当の意味を調べないで、Systematic を思い出して「システム上の」と訳してしまったのでしょうか。

誤訳ではありませんが、ほとんどの日本人が、それとは知らずに本来の意味とはかなり違った理解をしていることがあります。それは、仏教のお寺の英語が Temple で、神道の神社の英語が Shrine だと思っていることです。

しかし、英語辞典によれば、Templeの本当の意味は宗教的施設のことです。仏教のお寺もTempleですが、多くのみなさんが知っているアテネのパルテノン神殿も英語にするとParthenon Temple、エジプトの有名なアブ・シンベル神殿もAbu Simbel Temples、ロンドンにはTempleという地名があり、古くは十字軍の騎士団に関係する施設がある場所です。

また英語辞典によれば、Shrineの本当の意味は聖堂や廟で、日本の神道の神社だけでなく、例えばサウジアラビアのメッカにあるイスラム教のもっとも有名な聖地、カーバ神殿は英語にするとKaaba Shrineで、ヒンズー教の祭壇などもShrineです。

ところで、アメリカのワシントンD.C.にあるリンカーン・メモリアル（リンカーン記念堂）に行ったことのある人も多いと思います。一般には、大きなリンカーンの像に向かって左側の壁に記された、有名なゲティスバーグでの演説のなかの最後の部分、「government of the people, by the people, for the people、人民の、人民による、人民のための政治」というところに目が行きますが、リンカーンの像の背後の壁にもつぎのような短い文章が記されています。

In this temple as in the hearts of the people for whom he saved the Union the memory of Abraham Lincoln is enshrined forever.

こんな短い文章のなかにtempleとshrine（ここでは動詞形enshrine）の両方が入って

います。ごく簡単に言えば、このtempleのなかにthe memory of Abraham Lincolnがenshrineされている（祀られている）、という表現です。英語が母国語ではない私たち日本人には、なかなか理解が難しい表現です。

外国人には理解できないビジネス英語

前の方で、部長の英語Department Managerや課長の英語Section Managerなどは、それがどんな職務なのか相手にとってはわかりにくいと述べましたが、ビジネス上で要注意の典型的な例が、多くの日本の会社にある総務部です。

日本人のビジネスパーソンであれば、この「部」がどんなことをしているかおよその見当がつきます。しかし、これを例えばGeneral Affairs Departmentのように逐語的に英訳して相手に言っても、おそらく何をしている部門か見当がつかないでしょう。総務部といった部門は、外国の会社では目にしないものの一つです。

日本人にはわかっていても、日本人以外には知られていない単語を英訳する場合も気をつけなければなりません。例えば「錦の御旗」は、明治維新で官軍の兵隊が掲げた旗で、多くの日本人がその意味を知っています。自分の主張などを権威づけるものです。和英辞典などを使ってこれをGold Brocaded Imperial Standardなどと英訳しても、説明しないと相手には何のことか理解できないでしょう。

似たような例は非常にたくさんありますが、もう一つ例を挙げると、日本人のビジネスパーソンであれば多くの人が知っている「記者クラブ」があります。例えば日銀記者クラブへのプレス・リリースの投げ込み、といったように使います。しかし、日本の「記者クラブ」は英語の press club とは似て非なるきわめて日本的な仕組みなので、和英辞典を使ってそのまま Cast a press release into the press club of Bank of Japan などと表現しても、聞いている方は誤った理解をするでしょう。

カタカナの日本語を英語にする場合も要注意です。私たちはアメリカのプロ野球の大リーグのことをメジャーリーグと言いますが、これをそのまま英語らしい発音で喋ったら相手はキョトンとするでしょう。大リーグではなくて物差し（Measure）リーグと言っているのですから。

本当はドイツ語やフランス語、その他の外国語が語源のこともあるのですが、日本人の多くはカタカナ日本語の語源は英語だと無意識に思っています。日本では苦情を意味するクレームという言葉をClaimと英訳したなどという笑い話的なことは今ではもうなくなったでしょうが、今でも「アンケート」や「テーマ」など、英語が語源ではないカタカナの日本語をそのまま英語風のアクセントで喋る人を見ます。

英語のニュアンス日本語のニュアンス

日本語が上手な外国人と日本語で話していると、ときに相手の返答や反応に違和感を覚えることがあるということを先に述べましたが、この原因の一つが私たちから見た相手の日本語表現の不自然さや日本語のニュアンスの違いかもしれません。

同じように、私たちが英語で外国人と話しているときに、相手の外国人もときに私たちに対して違和感を覚えることがあるはずです。

このあたりのことについて書いたエッセイがあります。かなり前のある名の知れた科学雑誌のなかで引用されたものですが、その要約を以下にご紹介します。

もともとの著者は後にノーベル物理学賞を受賞したアンソニー・レゲット（Anthony James Leggett）というイギリス人の物理学者で、１９６０年代に客員研究者として京都大学に滞在していたときに書いたものです。彼は数ヶ国語を話し、日本語も堪能とのことです。このエッセイが書かれたのは何十年も前のことですが、状況は今でも変わっていないようです。

> 日本人は一般的に明確な言い方や断定的な言い方を避ける傾向が強い。これは、他の可能性があることを無視して、自分の考えを他の人に押しつけるような表現はよくないという遠慮があるためだ。しかし欧米の人たちにはこういった考えは思いもつかない。日本人

がぼかしたかたちで自分の意見を述べると、その人の考え自体が不明確で支離滅裂だと思ってしまう。例えば「であろう」、「と言ってもよいのではないか」、「と思われる」、「と見てもよい」などの日本人的言い方をそのまま英語に直訳して「may」とか「may be」を使うと、相手の外国人にとっては非常に場違いで滑稽に響く。この種の言葉を英語に変えることは難しく、「であろう」にいたっては翻訳不可能だ。

ところで、最近は日本語の表現が昔とかなり変わったと感じることがありますが、これは私だけでしょうか。例えばつぎにかかげるのは、最近頻繁にビジネス・メールなどで見たり、話しているのを聞いたりする「させていただき」言葉の一例です。こういった日本語の表現を見聞きすると、ニュアンスを残しながら英語に訳すにはどうしたらいいだろうかなどとふと思うことがあります。

「内容をご確認いただき、またご連絡いただきありがとうございます。それではそちら様に連絡させていただき、日程を詰めさせていただきます」

「今後はご指摘のようにさせていただいてまいります」

「従来からこのようにさせていただいてございます」

「当ホテルでは、廊下などでの浴衣の着用はご遠慮させていただいております」

最後の例は、ある有名なリゾート・ホテルで見かけた表現ですが、そもそも日本語とし

ても奇妙な言い方です。

ニュアンスとは少し違いますが、英語に訳す際に注意すべき日本語の例が「わかりました」です。ビジネス上で日本人同士で話をしていて、「わかりました」と言われると、何となく相手の意図や言おうとするところが「わかった」気がします。

しかし、この「わかりました」を英語にするときにどんな英語（単語）を使ったらいいのでしょうか。相手の日本人が「わかりました」と言ったとき、相手はこちら側の例えば提案や考え、要望などを理解して同意したのか、理解しただけで同意はしていないのか、理解も同意もしなくて単に聞きおいただけということなのか、状況によって英語が変わります。単に聞きおいただけなのにもしUnderstoodなどと英訳すると、誤解が生じて後々のビジネスに影響するかもしれません。

姓名や地名をアルファベットで表記する

名刺の裏には「英語」で姓名、職務や部門名、会社名、所在地などが書いてあります。さて、この本を読んでいるみなさんの姓名の「英語」表記はどうなっているでしょうか。ヘボン式や訓令式といった「ローマ字」を使った表記でしょうか。それとも別の表記法による表記でしょうか。

英語を母国語とする人たちにとっては、ヘボン式の表記は日本語の発音に近い読み方が

できる表記です。ちなみにネイティブの発音を耳で聞いて日本語表記にしたものが「ヘボン」で、単語のスペルを見て日本語にしたものが「ヘップバーン」です。メリケンとアメリカンの違いに似ています。

ローマ字を使う限り、外国人にはどうしても日本語の発音に近い読み方で読めないものが出てきます。例えば大岡（おおおか）という姓をひらがなどおりに「Oooka」と名刺に印刷した人がいました。その名刺をもらった外国人は当然「おおおか」とは読めず、しばらく名刺に見入った後に「ウーカ」と発音したそうです。

東京の大手町に「OOTEMORI」と表記した大きなビルがあります。日本人にはこれは「おおてもり」だとすぐにわかりますが、多くの外国人は、「大岡」の場合と同じように、おそらく「ウーテモリ」と発音するでしょう。外国人は「ウーテモリ」と発音することを承知のうえで、あえて「OOTEMORI」と表記したと推測しているのですが、本当のところはどうなのでしょう。ちなみに地下鉄の大手町駅は「Otemachi」となっています。

高坂（こうさか）なども似たような一例です。これをひらがなどおりに「Kousaka」と表記した名刺を見ることがありますが、多くの外国人は「クーサカ」と読みたくなります。

名前にも似たようなことがあります。例えば信一郎という名前を「Shinichiro」と表記していると、「シニチロー」と発音する外国人が多いでしょう。ノーベル賞を受賞した物理学者の朝永振一郎の論文には、「Shin-ichiro」と表記しているものがあります。アイヌ語の研

究で有名な金田一京助という言語学者がいました。彼の名前を「Kyosuke」とすると、多くの外国人は「キョースキー」と発音するでしょう。菅原文太という俳優がいましたが、名前を「Bunta」とすると、多くの外国人は「ぶんた」ではなく「バンタ」と発音します。アイルランド系の姓にはオニール（O'Neill）、オブライエン（O'Brien）、オコナー（O'Connor）などアポストロフィーのついたものがかなりあります。マーガレット・ミッチェルの有名な小説『風と共に去りぬ』の主人公スカーレット・オハラ（Scarlett O'Hara）もそうです。

上述の大岡を例にとると、例えば「O'Oka」と表記すれば、本人の顔つきからアイルランド人と誤解されるはずもなく、かなりの人が「おおおか」ではなくても「おうおか」と読んでくれるでしょう。「高坂」の場合は「Kohsaka」としている名刺も見ます。

当たり前のことですが、あらゆる日本語を、日本語の発音に近い読み方になるように、ローマ字で表記できるとは限りません。

例えば「入江」という姓の場合、ローマ字で「Irie」と表記すると、多くの外国人は「アイリー」と読みたくなります。こんな場合には、例えばYes（イエス）やYellow（イエロー、黄色）、数種類の元素が発見されたことで有名なスウェーデンの地名Ytterby（イッテルビー）などにならって「Yrié」と表記し、さらにeにアクサンをつけると、もとの日本語の発音の「いりえ」に近くなるでしょう。

日本でもアクサンはいろいろなところで使われています。例えばビオレという洗顔料・化粧品がありますが、容器にはBioréというロゴが表示されています。

しかし、洗顔料・化粧品では可能であっても、おそらく名刺では右記のような工夫は実務上不可能でしょう。入江は相変わらずIrieで、大岡はせいぜいOokaくらいでしょう。

というのは、なにごとにつけても横並びを無意識的に選択する日本の文化や、日本語の文章や単語を英語やアルファベットに変換して表示すれば外国人にはわかると思っている国民的幻想のもとでは、相手が実際にどのように発音するか誰もあまり関心を持ちません。

名刺のローマ字表記についても、外国人がオリジナルの日本語の発音に近い発音ができるか否かなどは考えずに、会社としてヘボン式とか訓令式といった統一的な基準を定め、すべての社員がその基準にしたがった表記にしているのです。

日本語の発音や読み方をローマ字で表記すると、外国人にはどうしても元の日本語と同じように読めない姓名や地名は枚挙に暇がありません。東京の神田あたりで外国人から、「オゥケイイチャイメイイチャイ」はどこかと聞かれたら、すぐに理解できる日本人はそう多くないでしょう。

ローマ字で表記することがきわめて難しい日本語の一つとして、例えば京都府宇治市にある、平等院の鳳凰堂（ほうおうどう）はどうしたらいいのでしょうか。もしアルファベットで「Hououdou」と表記したら外国人はどのように読むでしょうか。

平等院の英語の観光案内で「Hoo-do」と表記しているのを見たことがありますが、これを「ほうおうどう」と発音する外国人がどのくらいいるか。おそらくきわめて少数で、多くの外国人はHood（フード、頭巾）やHoop（フープ、プラスチックの輪）、ことによったらHoodoo（フードゥー、疫病神）やVoodoo（ブードゥー教）などを思い出し、場違いとは感じつつも「フードゥー」と読みたくなるでしょう。

反対に日本人が話す英単語はどうでしょうか。日本語では「あ」の発音は一つだけ、しかし英語では何とおりもの発音がある、といったことは中学校で習って多くの人が知っています。ですから英語を話す際には、例えばCat, Cut, Cartといった母音の発音の違いに気をつけます。しかし意外と気をつけないのが子音です。

日本語に似たような子音がある場合には、英語の子音の発音ではなく似たような日本語の子音の発音を使い、似たような子音がない場合には、無視して発音しないことがあります。

前の例の典型は「n」です。例えばTrainやMoonやStation。この「n」を発音する際に、日本人は日本語の「ん」の発音で置き換えてしまいます。電車に乗っていると、女性の声で前もって録音してある英語のアナウンスが流れることがありますが、よく聞くのがTrainやLine、Stationの「n」を、英語の「n」の発音ではなく、日本語の「ん」と発音しているものです。多分日本語を母国語としている人が喋ったものを録音したのでしょう。

後の例の典型は「w」です。ほとんどの日本人はWomanの発音の際に「w」を発音していません。ですから「woman」の発音を英語の「wúmən」ではなく、「w」を発音しないので「umən」と発音してしまいます。ましてやEarとYearの違いやCarsとCardsの違いなどはほとんどお手上げです。

日本人にとって英語を喋るうえでのバリアーは英語と日本語の「口」の動きの大きな違いです。例えば日本のテレビで女性のアナウンサーがにこやかに喋るのを見ていると、いつも白い歯が見えていて口をギュッと結ぶことがほとんどありません。

日本語は、にこやかな顔をして、つねにある程度歯を見せながら喋ることのできる言語です。

英語の方は、にこやかな顔をするときでも、口をギュッと結んだり、すぼめたり、大きく開けたりして喋る言語です。例えば「make」という英単語の最初の「m」の発音は、口をギュッと結びます。ところが日本人の喋る「make」の「m」は、口をギュッと結ぶのではなく、ただ口を閉じているだけです。

日本人の苦手な口の動きで典型的なのが「b」と「v」の違いです。『ザ・ペンギンズ from マダガスカル』というアメリカのアニメ作品のなかで、この違いがよくわかるところがあります。

デイヴという名前のタコの博士が登場しますが、彼が大きな声で自分の名前Daveをゆっ

くりデ・イ・ヴと発音する、その口元が大写しになる場面があります。これを見ていると、「b」と「v」の口の動きの違いがハッキリわかります。口の動きのメリハリが英語では必要なのです。

まとめ

この章の要点はつぎのとおりです。

†日本は大学教育を母国語でできる国ですが、発展途上国の大学教育は英語で行なわれているようです。英語が世界共通のビジネス言語となった現在、これは日本人に不利な状況です。

†外国人に初対面で自己紹介する場合、日本人は部門の名称、課長や部長といった職位などを英訳すれば理解できると思っていますが、実際はそうではありません。日本の会社の組織はどこもほとんど同じで、「部」や「課」といった単位が基本です。海外の会社では、組織が会社によって違うので、部長や課長という共通する概念がありません。

†日本では一般の社員はタイトルがないことがありますが、海外の会社では社員一人ひとりの職務が決まっているので、一般の社員にもタイトルがあります。

†日本語の意味がわからないと英訳はできません。法律や政府の文書の英訳は要

注意です。英訳された法律はまず自分で読んでみて、理解できたら使用すべきでしょう。外注して英訳し、それを外国人に渡して相手が理解していると思うのは非常に危険です。

†漢字の略語はわかりやすいけれど、国連をUNと表記する頭字語は日本人は苦手です。しかし、最近メールなどでこの頭字語が増加しています。どこでも使われているものはネットで調べればわかりますが、社内用語は調べようがありません。頭字語をローマ字的に発音する人を日本の会社で見かけますが、外資系の社員は英語的に発音します。

†電話会議で苦労するのは時差です。本社がアメリカ東部にあると、日本時間で夜遅くになることがあります。英語を母国語としない人も会議に参加することも多く、聞き取りも大変です。重要事項は後でメールで確認しておくべきです。

†言葉は文化を反映しています。日本語にあっても英語に相当する単語がないことがあります。和英辞典で英訳して使うと、相手は理解できないことがあります。逆に英語にあっても日本語にはない言葉もあります。

†そのまま英訳しても相手は理解できないビジネス英語があります。総務部General Affairs Dept.はその典型です。「記者クラブ」をPress Clubと訳したら間違いです。これら二つは似而非だからです。メジャーリーグやアンケート、

テーマといったカタカナ日本語の英語も要注意です。

†私たちには自然な日本語でも、それを英訳すると相手にわかりにくい、理解できないといったことがあります。ビジネス上で注意すべき日本語は「わかりました」で、使うべき英語が状況によって異なります。

†姓名や地名の英語表記は要注意です。日本語の発音をそのままローマ字にすると、相手が日本語とは違った読み方をすることがあります。できる限り日本語の発音に近い表記を考えるべきではないでしょうか。反対に日本人には発音できない英単語があります。

あとがき

外資系と日本の会社についていろいろな面で比較しましたが、まず言えることは、日本の会社は新入社員から上はマネジメントまで、ほとんど全員がいわゆる日本人で均質性がきわめて高いのに対し、外資系は必ずしもそうではなく、特にマネジメントには生まれ育った国や言語も異なる人たちがたくさんいます。

多くの日本の会社のように、発想や考え方がほとんど同じ人たちのなかでは、コミュニケーションはそれほど困難ではありません。あれこれ詳しく言わなくても意思の疎通が可能です。

しかし、異なった発想や考え方をする人たちが多くなると、コミュニケーションをするためには、言葉が非常に重要になります。言いたいことを、それも筋道を立てて言わないと、相手に理解してもらえません。これは、私たち日本人にとっては思ったほど簡単なことではありません。

というのは、まず言いたいことを口に出して言う素地自体が私たちには希薄です。論理の曖昧な言い方でも、多様性の少ない日本では相手に理解してもらえます。また、どちらかというと言葉よりも共感です。

言い方すなわち論理構成もポイントの一つです。私たちは、言いたいことや言うべきことを順序立て、一つひとつ相手にわかってもらえるように言う訓練を学校などで受けていません。そもそも今まではそういった訓練自体が不要な社会だったのです。

このような状況のもとで、育った社会が違うだけでなく考え方も異なる人たちを相手にして、自分の言いたいことを理解してもらおうとすることは、自分や日本の社会を第三者的に見る、または見直すことにつながります。そして日本では当然のことが、世界の他の国では意外と当然ではないことに気づきます。

もう一つは、「外資系」も海外に進出している日系の企業も、実は「外資系」だということです。すなわち、日系の外資系で働いている日本人社員やマネジメントは、この本に書かれていることをすでに日々経験しているのです。彼らは異文化コミュニケーションを日々実践している人たちです。

これをもっと広げて考えると、海外に出ている日系企業で働いている日本人だけでなく、最近では日本にいる日本人自体が異文化コミュニケーションをせざるを得ない状況になってきています。

ますます多くの外国人観光客が日本に来るでしょうし、日本で働く外国人も増加しています。そういったなかでは、従来のような均質性の高い社会でのみ通用したやり方は、否

応なく変更を迫られることになります。

外資系のマネジメントの考え方や発想は、私たち日本人の考え方や発想とはかなり違うように見えます。しかし、本当に違うのでしょうか。私たちには理解しがたい非常に異質なものでしょうか。

実はそうではなく、ものごとの原点に立ってよく考えてみると、それほど異なってはいないのではないでしょうか。従来からのやり方や周囲の人たちの行動はさておいて、私たちもいわば第三者的にものごとを見直すようにすると、おそらく彼らと同じような考え方や発想をするようになるはずです。

実際そのようにならないと、海外に進出している日系の外資系だけでなく、最近激増している訪日外国人旅行者との応対を含め、いろいろな分野でますます増加する外国人とのコミュニケーション、すなわち誤解や無知の防止や相互理解の促進に支障をきたすことになります。

誤解を防ぐために再度つけ加えますが、ここで述べている日本の会社も外資系も、いわば典型的な会社を想定しています。ですから、日本の会社であれ外資系であれ、この本で述べている事例のすべてに該当するような会社があるわけではありません。むしろそんな会社は絶対にない、と言っていいでしょう。

ただ外資系の会社では、ここで述べている外資系の事例が日本の会社よりもより頻繁に見られるでしょうし、反対に日本の会社では、日本の会社の事例がより頻繁に見られるでしょう。

お気づきのように、外国人マネジメントはいろいろなこと、多くは日本人が当たり前と思っていることについて、疑問を投げかけたり、日本人のマネジメントや社員に質問したり、現行の業務すなわち仕事の進め方などについて再検討や変更を求めたりします。

では外資系ではそういった疑問や質問に応え、求められた多くのことについて仕事のやり方の変更や改善をしているかというと、実情は必ずしもそうではありません。もちろん経営の根幹にかかわることについては、彼らの求めに応じる、命令や指示にしたがうのは当然ですが、外国人マネジメントの理解のもと、今までどおり仕事をすることも多くあります。

なかには外国人マネジメントがいわば根負けして、そのことについてその後言及しなくなるケースもかなりあります。さまざまな国や地域で仕事をした経験がある彼らは、押すべきところと引くべきところのタイミングを心得ているようにも見えます。

その結果、この本を読み終わった読者のみなさんの推測とは違い、外国人マネジメントの主張がすべて取り入れられて、典型的な「外資系」の会社、それを極端にしたものが

「外国の会社」ですが、ができあがるケースはそれほど多くはないのです。

会社の規模が社員数で数百人とか千人を超えるような大きな外資系企業になると、やはり日本的なところが多く残ってしまいます。日本社であれ外資系であれ、大きくなればなるほど、迅速に方向転換することが難しくなるのです。

筆者は、世界各地に拠点を持つ、グローバルな外資系保険会社のグループに勤務していました。その間にたくさんの外国人マネジメントと共に仕事をしてきましたが、彼らのなかにはいろいろな国で働いた経験を持つ人、競争相手や他の金融機関さらには別の業種で働いたことのある人もいただけでなく、彼らの生まれ育った国もさまざまでした。

また、海外にある本社や、ヨーロッパや東南アジアにある拠点のマネジメントや社員とも仕事をすることがあり、その過程でまさに異文化に触れることがたびたびでした。

社外では、業界団体の仕事に携わった結果、外資系と日本の会社のさまざまな違いに目を見張るようなこともたびたびありました。さらに、数年にわたり金融庁の金融審議会第二部会の専門委員をしていたことで、監督官庁や学識経験者のみなさんの考えや意見を直接見聞きすると共に、外資系の外国人マネジメントの考え方や見方との相違を目にすることも少なからずありました。

こうして外資系と日本の会社の違いや似ている点を比較しながら仕事をしていると、い

ろいろな面で異なっていることがよりはっきりと見えてきました。そこで、いわば外資系の内部に長い間いた一人として、今まで折に触れて書き留めてきた外資系と日本の会社の比較、おもに違うところを中心にまとめてみようと思い立ちました。

書き終わって気がついたことがあります。それは、この本に書いてある日本の会社と外資系の比較のかなりの部分は、実は筆者自身は当初そうとは気づいていなかったことです。それらは、ビジネス上での話や議論はもちろん、ビジネス以外のいわば日常の会話のなかで、日本の会社や他の外資系の会社の人たちが言ったり、指摘したり、批評したりしたものです。

それを聞いた後、筆者が折に触れて似たような状況を見るなかで、なるほどそうだ、そのとおりだと思ったものをこの本に収めました。すなわち筆者以外の人が言ったり気づいたりしたことに対して、筆者が同感できたものもここに収めたのです。

筆者の独断や思い違い、短絡などもあるとは思いますが、一つの見方として読者のみなさんの参考になれば幸いです。

【著者紹介】

羽田幸善（はた ゆきよし）

1943年長野県生まれ。外資系最大手損害保険会社火災保険部長、商品開発・保険引受業務担当シニア・バイス・プレジデント、チーフ・コンプライアンス・オフィサー。米国金融コングロマリットAIG日本韓国地域本部チーフ・コンプライアンス・オフィサー、チーフ・リスク・オフィサー、シニア・アドバイザー。

一般社団法人外国損害保険協会協議員会議長。金融庁金融審議会第二部会専門委員。日本保険学会会員。外資系損害保険会社監査役。

異《い》文《ぶん》化《か》コミュニケーションとしての外《がい》資《し》系《けい》

2021年10月6日　第1刷発行

著　者　羽田幸善
発行人　久保田貴幸

発行元　株式会社 幻冬舎メディアコンサルティング
〒151-0051　東京都渋谷区千駄ヶ谷4-9-7
電話　03-5411-6440（編集）

発売元　株式会社 幻冬舎
〒151-0051　東京都渋谷区千駄ヶ谷4-9-7
電話　03-5411-6222（営業）

印刷・製本　中央精版印刷株式会社
装　丁　秋庭祐貴

検印廃止

Printed in Japan
ISBN 978-4-344-93597-6 C0034
幻冬舎メディアコンサルティングHP
http://www.gentosha-mc.com/